PAROLES

ET

FAITS MÉMORABLES

DE

NAPOLÉON.

Chagrins domestiques de Napoléon Bonaparte à l'île Sainte-Hélène, précédés de faits historiques de la plus haute importance, le tout de la main de Napoléon ou écrit sous sa dictée, papiers enlevés de son cabinet dans la nuit du 4 au 5 mai 1821; et publiés par Edwige Santiné, huissier du cabinet de Napoléon Bonaparte à Sainte-Hélène. Suivi de notes précieuses sur les six derniers mois de la vie de Napoléon. Un vol. in-8°, 4 fr.

<hr>

IMPRIMERIE DE DEMONVILLE,
RUE CHRISTINE, N° 2.

NAPOLÉON

D'APRÈS DAVID.

Paris, Germain Mathiot, Libraire Rue de l'Hirondelle, N° 22, près le Pont St Michel.

PAROLES

ET

FAITS MÉMORABLES

DE

NAPOLÉON BONAPARTE,

Avec un recueil d'Anecdotes les plus intéressantes, Pensées remarquables, Traits sublimes et Répliques ingénieuses;

PRÉCÉDÉS

D'UNE NOTICE SUR SA VIE ET SES CAMPAGNES.

TROISIÈME ÉDITION,

Revue et augmentée de 230 pages, et d'un Tableau présentant jour par jour les combats, siéges, batailles et victoires des Français; depuis le 30 janvier 1792 jusqu'au 16 juin 1815.

A PARIS,

CHEZ GERMAIN MATHIOT, LIBRAIRE,

RUE DE L'HIRONDELLE, N° 22,

Près le pont Saint—Michel.

1830.

NOTICE

SUR LA VIE

ET LES CAMPAGNES

DE

NAPOLÉON BONAPARTE.

BONAPARTE (*Napoléon*) naquit à Ajaccio, en Corse, le 16 août 1769. Conduit de bonne heure en France, il commença ses études à Brienne. Il obtint ensuite une place à l'Ecole Militaire, où l'éducation soignée qu'il y reçut, et son aptitude au travail, développèrent en lui les premiers germes de son génie et de ses talens.

Une place de sous-lieutenant dans le 1er régiment d'artillerie, fut la récompense de ses travaux et le prix dû à son mérite.

Au commencement de la révolution, il se trouva à Paris, où il cultivait en paix et dans l'étude, les arts et les talens utiles. Ce fut au siége de Toulon qu'il fit ses premières armes (1). Ce fut là, dis-je, qu'il déploya ces grandes qualités qui commencèrent à le faire distinguer de ses rivaux. Il n'avait alors que 23 ans. Les représentans du peuple (2), témoins de sa valeur, de son sang-froid imperturbable et de sa rare intelligence, le nommèrent général de brigade.

Après la prise de Toulon, il se rendit à Nice, où il fut arrêté quelque temps après, comme terroriste, par l'ex-conventionnel Beffroi : on visita ses papiers avec une attention et une ardeur qui témoignaient combien ses ennemis désiraient de le trouver coupable ; mais on n'y trouva qu'une correspondance familière et sur des affaires indifférentes, des plans et des mémoires sur la guerre. Il fut mis en liberté. On voulut ensuite le faire sortir de son corps pour le faire passer dans l'infanterie. Il vint à Paris, pour réclamer contre cette injustice, à l'époque où le

---

(1) Ce fut au siége d'une ville que *Turenne* commença sa carrière militaire, et fit pressentir ce qu'il serait un jour.

(2) Barras et Fréron, ex-conventionnels.

représentant *Aubry* était à la tête de la partie militaire du comité de salut public. Malgré la justice et la bonté de sa cause, il n'obtint rien. Indigné du peu d'égards qu'on eut à ses réclamations, il sollicita la permission de se retirer à Constantinople, ce qui lui fut encore refusé.

Le 13 vendémiaire arriva : Bonaparte y servit sous les ordres de Barras ; et, sans sa prudence, cette journée eût été plus sanglante : il empêcha l'effusion du sang, en ne faisant tirer, pendant la nuit, qu'à poudre, pour effrayer les factieux qui s'insurgèrent dans cette journée, sans aucuns motifs et sans aucun but bien connu.

Nommé ensuite général en chef de l'armée d'Italie, il alla prendre le commandement de cette armée, qui n'excédait pas 56,000 hommes. Elle se tenait encore sur la défensive, sur les rochers stériles de Gênes. L'armée des Autrichiens, plus forte du tiers, avait environ 200,000 auxiliaires, tant de troupes régulières que de milices armées, fournies par le pape et les rois de Sardaigne et de Naples.

1*

Le général Beaulieu, qui commandait alors en Italie les armées des princes coalisés, voulant déloger les Français de l'État de Gênes, les fit attaquer le 22 germinal an 4, à la pointe du jour. On combattit de part et d'autre avec ardeur; et le succès était encore douteux, lorsque le général Masséna, tombant sur les flancs et les derrières de l'armée autrichienne et piémontaise, y répandit l'épouvante et la mort. Deux généraux ennemis ayant été blessés, la déroute devint complète : 1500 hommes restèrent sur le champ de bataille, et 2,500 prisonniers furent, avec plusieurs drapeaux, le prix de la victoire. Les Français ayant poursuivi les Autrichiens, entrèrent le lendemain dans Carrare, où l'on porta le quartier-général.

La bataille de Millésimo, que les Français gagnèrent à la suite des divers mouvemens exécutés par plusieurs divisions, et dans laquelle on fit 9,000 prisonniers, leur fournit des vivres et des munitions, et leur ouvrit la route pour de nouveaux succès.

Après une suite de victoires non interrompue, les Autrichiens, battus quatre jours de

suite, se retirèrent au-delà d'Acqui, et re-
plièrent tous les postes de Voltri et de la
Bochetta. Le général Augereau attaqua les
redoutes qui protégeaient le camp retranché
de Ceva, défendu par les Piémontais, qui l'é-
vacuèrent pendant la nuit, après s'être battus tout le jour. Le général Serrurier entra
le lendemain dans Ceva, dont il fit investir
la citadelle.

Bonaparte ne donnait point de relâche à
l'ennemi. La bataille de Mondovi, livrée le
3 floréal aux Piémontais, et la prise de plusieurs villes, ajoutèrent de nouveaux tro-
phées à ceux qu'il avait élevés à sa gloire. Un
armistice que le roi de Sardaigne acheta en
livrant les forteresses de Tortone et de Coni,
fut la récompense et la suite de ces succès. Cette suspension d'armes, en permettant aux Français de tourner leurs forces
contre les Autrichiens, procura à la cour de
Turin la facilité de négocier un traité de
paix.

L'armée autrichienne, après avoir passé le
Pô à Valence, avait pris des positions propres à défendre l'entrée du Milanais. L'en-

nemi regardait ce fleuve comme une barrière capable d'arrêter les Français ; mais ceux-ci exécutèrent avec la plus grande intrépidité le passage de ce fleuve, qui fut suivi du combat de Bombio, village que les Autrichiens, malgré leurs retranchemens, furent forcés d'évacuer précipitamment. Le lendemain, ils essuyèrent un autre échec sous Casal, dont le général Berthier s'empara.

Le duc de Parme, voyant ses états sur le point d'être envahis, fit demander et obtint une suspension d'armes, qui lui fut accordée au moyen d'une contribution militaire.

Les Autrichiens, battant en retraite, entrèrent dans Lodi. Un combat livré sous les murs de cette ville, les en délogea. Le général Beaulieu, avec toute son armée rangée en bataille sur la rive gauche de l'Adda, défendait le passage du pont qu'il n'avait pas eu le temps de couper ; et de là il commandait la ville, où les Français ne furent pas plutôt entrés, qu'il la fit canonner fortement.

Bonaparte fit placer deux pièces de canon sous le feu de l'ennemi, et à l'entrée du pont la canonnade fut très-vive de part et d'autre pendant plusieurs heures. Un corps de quatre mille grenadiers français, ayant à sa tête le 2e bataillon de carabiniers, se présenta devant le pont, qui avait cent toises de longueur, et que défendaient dix mille hommes, tant d'infanterie que de cavalerie. La charge fut battue, et la troupe s'élança avec la rapidité de l'éclair.

Le feu que vomissaient les batteries et la mousqueterie des ennemis, arrêta un instant la tête de la colonne, malgré son intrépidité, et faillit même l'ébranler. Les généraux Berthier, Masséna, et plusieurs autres officiers supérieurs, sentant toute l'importance du moment, se mirent à la tête des soldats : les pièces des Autrichiens furent enlevées, leur ordre de bataille rompu, et leur déroute complète. Le général Beaulieu s'enfuit avec les débris de son armée, et traversa les États de Venise, dont plusieurs villes lui fermèrent leurs portes.

La nouvelle du passage du Pô arrivée à Milan, l'archiduc et l'archiduchesse quittèrent cette ville, où Bonaparte fit son entrée le 26 floréal. Les scellés furent mis sur toutes les caisses publiques, et une contribution pro-visoire fut imposée sur les habitans.

Un armistice fut ensuite conclu avec le sou-verain de Modène, moyennant 7,500,000 liv. à fournir, tant en argent qu'en denrées et munitions de guerre.

Plusieurs soulèvemens, qui eurent lieu à Lodi et à Pavie, furent aussitôt réprimés par la punition des coupables et la prise de plu-sieurs ôtages.

Après la bataille de Lodi, Beaulieu se re-tira derrière le Mincio. Bientôt les Français lui enlevèrent Borghetto et Peschiera. A l'ex-ception de Mantoue, les Autrichiens furent entièrement chassés d'Italie.

A son entrée dans l'Etat vénitien, Bona-parte annonça, par une proclamation, qu'il n'avait d'autre intention que de poursuivre l'ennemi, et promit que la religion, le gou-vernement, les propriétés, seraient respectés, et que tout ce que l'on fournirait à l'armée serait exactement payé en argent.

Après le combat de Borghetto, le passage du Mincio, et la fuite de l'ennemi dans le

Tyrol, les Français investirent la ville de Mantoue, et obligèrent les ennemis à se retirer dans le corps de la place.

Les fiefs impériaux s'étant soulevés, furent réprimés avec la même sévérité qu'on avait employée contre Lodi et Pavie.

Le roi de Naples ayant alors conclu un armistice avec Bonaparte, il ne resta plus, de tous les princes d'Italie entrés dans la coalition contre la France, que le pape. Le 5 messidor, un armistice fut conclu avec le pape, qui abandonnait aux Français les légations de Bologne, de Ferrare, et la citadelle d'Ancône, et qui s'obligeait à payer à la France 21 millions de livres, et à donner plusieurs vases, statues, manuscrits, etc.

Après la défaite de l'armée impériale sur le Mincio, on ouvrit la tranchée devant le château de Milan, qui capitula le 11 messidor.

Une division de l'armée française se porta sur Livourne, où le pavillon français avait été insulté. Elle y rentra le 10 messidor : toutes les marchandises qui appartenaient aux Anglais, évaluées à dix millions, furent confisquées.

Cependant, les Autrichiens retirés dans le Tyrol avaient reçu de nombreux renforts et un nouveau général. L'intention de Wurmser étant de débloquer Mantoue et de reporter la guerre dans le Milanais, il avait fait avancer une forte colonne sur Salo, ainsi que sur Brescia, qu'il avait enlevé aux Français. Une autre colonne ayant forcé leur poste de la Corona, avait passé le lac Garda et l'Adige ; et par ce mouvement avait contraint l'armée française d'évacuer Véronne.

Bonaparte avait rassemblé toutes ses forces sur Roverbello, pour soutenir le siége de Mantoue. D'après les dispositions de l'ennemi, il fallait lever promptement le siége de Mantoue, repasser sur-le-champ le Mincio, et ne pas donner le temps aux Autrichiens d'envelopper l'armée française. Le tout fut exécuté : la fortune seconda ce projet. Les Français reprirent Salo, qu'ils furent cependant forcés d'abandonner une seconde fois, mais qu'ils reprirent encore. Ils battirent l'ennemi à Lonado, rentrèrent aussi dans Castiglione et

Brescia, et s'emparèrent de Saint-Ozeto et de Gavardo, et firent 1800 prisonniers.

Les bornes de cette notice ne nous permettant pas de donner le détail d'un nombre infini de batailles ou de combats dans lesquels les Français eurent presque toujours l'avantage, et qui furent suivis de la prise de plusieurs postes importans; nous nous empressons de porter l'attention du lecteur sur une action des plus mémorables d'une campagne à jamais célèbre.

Après la dernière des nombreuses défaites qu'il essuya, le général Wurmser s'était jeté dans Mantoue avec les débris de son armée. Mais l'ennemi en eut bientôt formé une nouvelle, forte de 40,000 hommes, commandée par le feld-maréchal Alvinzi; et sur l'avis de quelques mouvemens, il avait envoyé un régiment de croates et quelques régimens hongrois dans le village d'Arcole, que sa position au milieu des marais et des canaux rendait extrêmement fort.

Les divisions Augereau et Massena, ayant passé l'Adige, culbutèrent quelques avant-postes de l'ennemi. Celle d'Augereau fut arrêtée au village d'Arcole par un canal, des batteries de l'ennemi, et un petit pont défendu par plusieurs maisons crénelées, d'où l'on faisait un feu terrible. Les Français se portèrent à plusieurs reprises au pas de charge pour enlever le pont, mais ils furent repoussés. Le général Augereau, pour engager la colonne à le suivre, prit un drapeau à la main, et le portant jusqu'à l'extrémité du pont, il y resta sans que cet acte de dévouement servît à produire aucun effet. Bonaparte s'y porta ensuite avec tout son état-major. Il rappela aux troupes françaises qu'elles étaient les mêmes qui avaient forcé le pont de Lodi. Il descendit de cheval, prit un drapeau, et s'écria : suivez votre général. La colonne alors s'ébranla ; mais à trente pas du pont le feu terrible de l'ennemi la fit reculer. Tout l'état-major fut culbuté, Bonaparte lui-même fut renversé dans un marais d'où l'on eut beaucoup de peine à le retirer. Aussitôt après la colonne se rallia, et l'ennemi n'osa sortir de ses retranchemens. Après plusieurs combats, l'ennemi ayant été cerné, fut forcé dans Arcole.

Les Autrichiens, par une suite de leur

défaite à Arcole, perdirent plusieurs postes importans. Cependant le général Alvinzy s'étant retiré dans le Tyrol, où l'on ne put le poursuivre, eut le temps d'y recréer en quelque sorte une troisième armée : on lui avait envoyé des troupes en poste.

Bonaparte ayant à se plaindre des Vénitiens qui avaient prodigué tous leurs soins à l'armée ennemie, fit occuper le château et la ville de Bergame.

Le plan de l'ennemi était toujours le même. Il consistait à forcer la ligne de défense des Français; à pénétrer par quelque point, à se jeter vers Mantoue, à débloquer cette ville, et à changer le théâtre de la guerre. Bonaparte fit toutes ses dispositions pour le déjouer. On livra six combats et deux batailles, celles de Rivoli et de la Favorite. La première dura deux jours, et l'ennemi fut complètement battu. Dans la seconde, le général Provera fut cerné avec toute sa colonne : sa troupe, forte de 6000 hommes d'infanterie et de 700 hommes de cavalerie, fut faite prisonnière, mais on lui accorda les honneurs de la guerre. D'autres efforts que fit l'ennemi n'ayant pas obtenu plus de succès, le général Wurmser, n'espérant plus aucun secours, se vit forcé de rendre la citadelle et la ville de Mantoue, dont la capitulation fut signée le 14 pluviose an 5.

L'armistice conclu avec la cour de Rome ayant été rompu par cette puissance, l'armée française entra dans le territoire du pape, et s'empara de la plus grande partie des Etats de l'Eglise. Il ne restait plus au pape que la Sabine, le Patrimoine de Saint-Pierre et la Campagne de Rome, qui se détermina à signer un traité de paix définitif, le 1er ventose an 5.

Bonaparte n'ayant plus rien à craindre du côté de Rome, se rendit dans les Etats Vénitiens, afin de prendre les dispositions nécessaires pour porter un coup décisif à l'ennemi.

Depuis la bataille de Rivoli, l'armée d'Italie occupait les bords de la Piave et du Lavisio. L'armée de l'empereur, alors commandée par le prince Charles, gardait l'autre rive.

Après les passages de la Piave, du Tagliamento, et la prise de Gradisca par l'armée française, Bonaparte fit avancer ses troupes contre Goritz, où il entra le 1er germinal.

En mettant en mouvement l'armée française pour se porter dans la Carinthie, Bonaparte dirigea plusieurs colonnes sur le Tyrol, qui enveloppèrent les corps ennemis qui se trouvèrent sur les lavis, et firent 4000 prisonniers. Les Français, après une suite de combats où ils eurent toujours l'avantage , entrèrent dans Botzen et dans Brixen : la gorge d'Inspruck fut ensuite attaquée , et forcée après une canonnade de quelques instans.

Cependant l'empereur voyant sa capitale menacée , fit lever en masse les Tyroliens , qui , unis aux nouveaux bataillons du Rhin , se présentèrent aux Français, lesquels affaiblis par les garnisons qu'il avait fallu mettre dans les villes dont ils s'étaient emparés, furent obligés de rétrograder et de serrer leurs lignes. Le machiavélisme du gouvernement vénitien , et le peu de fondement qu'on devait établir sur la paix faite avec divers princes de l'Italie , étaient encore à redouter dans ces circonstances.

Ces considérations, quoique très-puissantes, n'empêchèrent pas Bonaparte de pousser si vivement ses opérations, que les généraux autrichiens Bellegarde et Melvelt vinrent le trouver à Jundenbourg, où ils lui remirent une note de l'empereur, d'après laquelle les conditions d'une suspension d'armes furent arrêtées le 19 germinal an 5, et les préliminaires de la paix, signés le 29 du même mois au château d'Eckenwald, près de Léoben en Styrie. Les bases des stipulations consistaient dans la renonciation à la Belgique par l'empereur, la reconnaissance des limites de la France, telles qu'elles avaient été décrétées par la Convention nationale, et dans l'établissement et l'indépendance d'une république en Lombardie.

Les préliminaires de la paix signés, Bonaparte s'occupa des moyens d'obtenir satisfaction ou de tirer vengeance du gouvernement de Venise, à qui le gouvernement français reprochait les attentats les plus graves. Le résultat fut que cette république passa sous les lois d'un monarque, et que son gouvernement fut entièrement dissous. La république de Gênes ne tarda pas à éprouver aussi une espèce de révolution, et changea son nom en celui de république Ligurienne.

Bonaparte, après avoir terminé glorieusement ses campagnes en Italie, se disposa à l'expédition d'Egypte. Sa flotte et le convoi qu'elle protégeait mirent à la voile le 3o floréal an 6, de Toulon. Plusieurs divisions, tant de bâtimens de guerre que de transport, s'étant heureusement réunies à l'escadre; celle-ci, qui se montait à 4 ou 5oo voiles, cingla vers Malte dont elle s'empara ; de là poursuivant sa route, elle se trouva le 7 messidor à la vue des côtes de Candie, le 11 sur les côtes d'Afrique, et le 12 au soir devant Alexandrie; le 15 on entra dans la rade, où l'escadre anglaise avait mouillé trois jours auparavant, croyant trouver la nôtre. Le débarquement eut lieu dans la nuit même, malgré la mauvaise disposition de la mer et du vent. Bonaparte descendit sur une galère, à la suite des colonnes, à 11 heures du soir.

Le 14, on se prépara à l'attaque d'Alexandrie, qu'on parvint bientôt à emporter de vive force.

Bonaparte, voulant profiter de la terreur qu'inspirait l'armée française et marcher contre les mamelucks, avant qu'ils eussent le temps de former un plan de défense ou d'attaque, se porta sans délai sur le Caire, par le désert de Damanhour; l'armée arrivée à Damanhour le 20 messidor, en partit le lendemain pour se rendre à Romanihe. Enfin, elle découvrit le Nil. Dans sa marche, elle rencontra un corps de 8000 mamelucks, qu'elle força de se retirer après une canonnade assez vive.

Au village de Chebreis, elle mit en déroute 4000 mamelucks.

Cet avantage fut suivi d'une victoire éclatante remportée sur Mourad-Bey, à la tête de 6000 mamelucks et d'une foule d'arabes et de fellahs, retranchés au village d'Embac, vis-à-vis de Boulac.

L'armée, parvenue jusqu'à Gizeh, les grands du Caire se présentèrent à Bonaparte, auquel ils demandèrent protection pour leur ville. Bonaparte y fit son entrée le 4 thermidor, après avoir fait précéder son entrée d'une proclamation dans laquelle il offrait justice et sûreté aux habitans, et le libre exercice de leur religion. Après avoir resté au Caire le temps suffisant pour assurer sa

nouvelle conquête, il se mit en marche pour
finir de s'emparer de toute l'Egypte, et chasser entièrement Ibrahim-Bey et son armée qui
fuyaient vers la Syrie.

Pendant que Bonaparte poursuivait Ibrahim, un événement funeste lui rendit à lui-
même sa retraite impossible. C'est suffisamment annoncer le combat du 14 thermidor,
combat où notre escadre fut défaite dans la
rade d'Aboukir. Ce désastre ne retarda point
la marche et les succès de Bonaparte; et après
une suite de combats dans lesquels les Français eurent toujours l'avantage, l'armée se
mit en marche pour la Syrie, franchit les dé-
serts, se montra dans les plaines de Gazah,
où son approche seule fit disparaître l'ennemi.
La prise de cette ville entraîna celle de Jaffa,
qui fut emportée d'assaut après un siége de
quelques jours.

En quittant cette place, l'armée marcha
sur Zéte. La division du général Kléber s'é-
tant portée sur Caïffa, s'en empara. Une assez
grande quantité de munitions de bouche
étaient déposées dans cette place, d'où l'on
marcha sur St-Jean-d'Acre. On ouvrit la tran-

chée, et le blocus fut établi de manière à repousser les sorties avec avantage , et à inter-
cepter toute communication.

Djezzar , à qui le grand-seigneur avait confié le commandement de cette place, avait adressé des émissaires aux Naplousains et aux villes de Saïde , de Damas et d'Alep. Il leur avait fait aussi passer beaucoup d'argent pour faire lever tous les Musulmans en état de porter les armes, afin , disait-il , de marcher contre les infidèles. Cet appel produisit son effet.

Bonaparte se décida à les faire attaquer sur tous les points. Arrivé à la vue du Mont-Thabor , le combat commença à s'engager : on se battit d'abord de part et d'autre avec un acharnement égal ; mais il fallut céder enfin à la bravoure française ; et l'ennemi , pressé de tous côtés , après une perte considérable , prit la fuite.

Bonaparte, après cette victoire, revint devant Acre ; mais la peste dans cette ville , la saison des débarquemens arrivée, et la nouvelle de quelques séditions en Egypte le déterminèrent à lever le siége de cette place. En effet,

il fut levé le premier prairial, après soixante jours de tranchée ouverte.

Après des victoires sans nombre, Bonaparte était parvenu à soumettre toute l'Egypte. Il voulait poursuivre ses conquêtes, lorsque des nouvelles qu'il reçut de l'Europe lui firent changer ses projets. Il se détermina à repasser en France ; il fixa son départ pour le 5 fructidor, qui n'eut lieu que le 7. Le général Berthier fut seul instruit du secret. Il laissa le commandement de l'armée au général Kléber, par une lettre qu'il ne devait ouvrir que vingt-quatre heures après sa réception.

Après une longue navigation, Bonaparte débarqué à Fréjus le 17 vendémiaire, arriva à Paris le 23, où, comme sur la route, les témoignages de l'allégresse publique lui furent prodigués.

La nécessité d'un changement total frappa vivement le héros de l'Italie. Le pouvoir exécutif était avili, et le corps législatif, ou du moins le conseil des cinq-cents était détesté. La guerre civile, ou la plus épouvantable tyrannie en devait être la suite. Pour prévenir un pareil désastre, il fallait l'accord de la prudence et de la force : Bonaparte et Sieyes s'entendirent, et l'heure de la délivrance sonna.

Le 18 brumaire, les membres du conseil des anciens, extraordinairement convoqués, se réunirent à sept heures du matin dans le lieu de leurs séances. Un des inspecteurs de la salle ayant exposé les motifs de cette convocation, les dangers que courait la chose publique, proposa et fit adopter un projet de résolution qui transféra le corps législatif à Saint-Cloud, et chargea Bonaparte de l'exécution du décret.

A neuf heures du matin, la majorité du directoire ignorait encore ce qui se passait. A dix heures, la majorité composée de Barras, Gohier et Moulins, manda le général Lefebvre, commandant la dix-septième division. Celui-ci répondit qu'il n'avait de compte à rendre qu'à Bonaparte, qui était devenu son chef. Sieyes et Roger-Ducos se rendirent aussitôt au palais des Tuileries.

On avait rassemblé de très-bonne heure un grand nombre de troupes dans le vaste jardin de ce palais : Bonaparte les passa en revue et leur déclara qu'il n'avait accepté le commandement que pour assurer à la France le fruit de ses victoires.

Les dispositions les plus sages et les mieux combinées avaient été prises pour assurer l'exécution du plan. La garde du corps législatif, celle du directoire, les troupes de ligne, pleines de confiance dans leurs chefs, animées du désir de voir finir de continuelles convulsions dont elles ressentaient les effets, furent rassemblées au château de Saint-Cloud, où se réunirent les deux conseils à l'heure indiquée.

La séance du conseil des cinq-cents fut des plus orageuses : Bonaparte faillit y être poignardé, après un discours des plus éloquens, dans lequel il représenta les dangers imminens où se trouvait la patrie, et en engageant le conseil à y apporter un prompt secours. Les cris, à bas le dictateur ! se firent entendre de tous les points de la salle. Le président, Lucien Bonaparte, voulut justifier la démarche de son frère, contre lequel on vomissait de dégoûtantes injures, et, ne pouvant y parvenir, il quitta le fauteuil.

La disparition du président fut le signal de

la dissolution du conseil. Après plusieurs invitations aux membres du conseil de se retirer, et sur leur refus, les grenadiers entrèrent dans la salle au pas de charge et au son du tambour, et les forcèrent de l'évacuer.

Cependant un grand nombre de membres du conseil des cinq-cents, ayant leur président à leur tête, rentrèrent à neuf heures du soir, dans leur salle. Une commission de cinq membres fut chargée de présenter des mesures de salut public. A onze heures, son rapporteur vint entretenir le conseil de la nécessité d'établir un ordre de choses intermédiaire et provisoire, jusqu'à ce qu'on eût réformé les vices que l'expérience avait fait découvrir dans la constitution. Un projet de résolution fut adopté, portant: art. 1er. *Il n'y a plus de Directoire exécutif;* par l'art. 2, le Corps législatif créa provisoirement une commission consulaire exécutive, composée de Bonaparte, Sieyes et Roger-Ducos. Le conseil des anciens s'empressa d'adopter ces résolutions.

Trois mois après l'établissement du gouvernement provisoire, Bonaparte, nommé premier consul, s'occupa des moyens de ré-

tablir la paix sur le continent et sur les mers.
Les ennemis de la France refusèrent d'adhé-
rer aux propositions modérées qu'il leur fit.
Il fallut alors se préparer à de nouveaux combats , et commencer une nouvelle campagne.
Avant de l'ouvrir , Bonaparte voulut pacifier
la Vendée; ses efforts, pour y parvenir , furent couronnés du plus grand succès. L'armée du Rhin reprit l'offensive , conquit la
Souabe et la Bavière , et fit à l'ennemi 20,000
prisonniers.

Une armée de réserve fut formée pour passer en Italie. Bonaparte en dirigea tous les
mouvemens. Cette armée, après avoir franchi
tous les passages, et culbuté tout ce qui était
devant elle , se trouva le 25 prairial devant
le village de Marengo, où se donna la bataille
de ce nom; bataille long-temps disputée , et
dont le gain fut dû à Bonaparte, qui y déploya tout à la fois les qualités du tacticien
et du guerrier consommé.

Le résultat de cette bataille fut une convention conclue avec l'armée autrichienne.
Bonaparte retourna ensuite à Milan, où, après
avoir réorganisé la république Cisalpine, i

partit pour Paris , où il fut reçu au milieu des acclamations de l'allégresse publique.

Le 9 thermidor, des préliminaires de paix furent signés à Paris par les consuls et le comte de Saint-Julien , envoyé de l'empereur ; préliminaires qui furent bientôt suivis de la signature de la paix à Lunéville avec l'empereur , par Joseph Bonaparte et M. Cobentzel.

Au milieu de ses grands desseins , et dans l'intervalle de leur exécution , le poignard des ennemis de la France , conduit par le cabinet anglais , fut dirigé contre le cœur de Bonaparte ; mais deux fois le bonheur de la France voulut que ces conspirations fussent déjouées, et que la honte en retombât sur ceux qui les avaient si lâchement combinées.

Après la signature de la paix avec l'Autriche à Lunéville , Bonaparte voulut pacifier les mers. Des propositions de paix furent faites au cabinet britannique , par l'entremise de M. Otto. Des préliminaires furent signés à Londres le 9 vendémiaire an 10, et furent suivis enfin d'un traité définitif de paix, signé à Amiens le 4 germinal suivant.

· Dans le même mois que Bonaparte signait le traité définitif de la paix avec l'Angleterre, il concluait un concordat avec le pape. Ce concordat, en rassurant les consciences timorées, parvint à étouffer les feux mal éteints de la Vendée, et à rétablir la paix et la concorde parmi les ministres dissidens de la religion. Cet acte, un des plus importans qui eussent encore été faits, acheva d'adoucir les esprits, et contribua à affermir les ressorts du gouvernement.

La reconnaissance de si grands bienfaits, et le besoin qui se faisait sentir de plus en plus de centraliser le gouvernement, déterminèrent le premier corps de l'État et le peuple français à nommer Bonaparte consul à vie. Ce consentement, si prompt et si unanime, ne parut point étonnant. On voulait une fixité dans l'ordre politique. On avait eu le temps de reconnaître que rien de stable ne pouvait être créé avec la division des pouvoirs, et que rien de grand et de vraiment glorieux pour la nation ne serait jamais commencé par un génie dont le temps glacerait l'essor, tant qu'il fixerait la durée de sa puissance.

3*

Presqu'à cette même époque, des traités de paix furent conclus avec le dey d'Alger et avec la Porte Ottomane ; la république Cisalpine réorganisée, et Bonaparte nommé président de cette république, sous le nom de république italienne.

Les troubles et les divisions qui partageaient la Suisse depuis trois ans, attirèrent les regards et la sollicitude du premier consul. Il voulut d'abord s'aider des voies de la conciliation, pour mettre fin à des désordres, suite inévitable des desseins perfides de nos ennemis. Voyant que toutes propositions conciliatoires étaient rejetées, il se détermina à appuyer la raison par la force : des troupes françaises furent envoyées en Suisse. Après quelques légers combats et des négociations sages et modérées, tout rentra dans l'ordre. C'est à Bonaparte que la Suisse est redevable du calme dont elle jouit, et qui jamais n'eût dû être troublé.

Après la pacification de la Suisse, le génie de Bonaparte se reporta sur le commerce et les manufactures de la France. Il partit pour les départemens de la Seine-Inférieure, de l'Eure et de l'Oise. Son voyage dans ces départemens forme une époque aussi mémorable que glorieuse dans les fastes de l'industrie française. Ce voyage fut une véritable campagne dans le domaine des manufactures; et là, comme dans les armées, sa présence commanda des prodiges. Il fit plus pour l'industrie, que s'il eût répandu des millions; il porta dans les rangs des manufacturiers, l'ardeur, l'émulation, la soif des victoires. Il créa pour les fabricans français un nouvel orgueil; il leur révéla le secret de leurs forces en centuplant leurs moyens, et il laissa dans tous les ateliers des souvenirs profonds qui, tracés d'âge en âge, formeront une source inépuisable d'émulation, de gloire et de prospérité.

Cependant le traité de paix conclu à Amiens avec le ministre britannique, ne fut pas de longue durée. L'Angleterre, qui ne voyait dans la prospérité de la France qu'un obstacle à ses projets, et un frein à son ambition, chercha un prétexte de rompre. Elle refusa d'évacuer Malte, et prétendit que la France faisait des armemens secrets. Bonaparte chercha en vain tous les moyens de concilier, qui pourraient s'accorder avec la puissance et la majesté du gouvernement français. L'ambassadeur anglais partit de Paris, et le nôtre quitta en même temps Londres. Sans aucune déclaration préalable de guerre, l'Angleterre commença les hostilités ; et prévoyant que l'électorat de Hanovre serait le premier pays où se porterait l'armée française, elle y envoya une proclamation, et y ordonna une levée en masse, à la tête de laquelle elle mit le duc de Cambridge.

L'armée française entra dans le Hanovre ; et malgré la proclamation, la levée en masse, l'armée hanovrienne et le duc de Cambridge, elle s'empara de tout le pays. Cette conquête fut celle d'un moment. L'armée hanovrienne dissoute, le fameux duc prit la fuite, et se sauva en Angleterre pour y porter la nouvelle de la réduction du pays.

Dans cet intervalle, Bonaparte, toujours jaloux de raviver le commerce, de faire fleurir les arts, et de répandre partout ses bienfaits, entreprit un voyage dans les départemens réunis de la Belgique. Sa conduite dans ce voyage ne tendit qu'à un seul but, celui de voir par lui-même le mal à réparer, le bien à faire, les encouragemens à donner, et surtout l'aisance et le bonheur à répandre partout. Aussi chacun de ses pas fut marqué par un bienfait, et chaque jour il put s'écrier : je n'ai point perdu ma journée ! Il visita toutes les manufactures, se fit rendre compte de leurs procédés ; ranima par sa présence l'émulation des manufacturiers, encouragea les fonctionnaires publics dans leurs devoirs, les administrateurs civils et militaires dans leurs travaux ; conçut de nouveaux moyens d'amélioration, et porta enfin dans toutes les veines du corps social la vie et la circulation.

Au retour de son voyage, une nouvelle conspiration des ennemis de la France, soudoyés par l'Angleterre, s'apprêtait, en l'assassinant, à replonger la France dans les désordres de l'anarchie. Le complot fut déjoué, les agens arrêtés et mis en jugement. Après une instruction publique, quelques-uns furent condamnés à mort, et les autres détenus. Bonaparte, toujours grand, pardonna à quelques-uns, et abandonna les autres au glaive de la loi.

Le peuple français et les grands corps de l'État sentant enfin que, tant que le gouvernement ne serait point centralisé dans une seule famille, il serait toujours un point de mire pour les ambitieux, résolut enfin de mettre un terme à toutes les espérances sacriléges, en élevant Bonaparte à la dignité d'empereur, et en sanctionnant l'hérédité du pouvoir dans sa famille. En conséquence, le vœu des Français le proclama empereur, et assura à sa famille la succession du trône impérial.

TABLETTES

HISTORIQUES.

BONAPARTE à l'Ecole Militaire, où il passa ses premières années, se fit remarquer par l'austérité de son caractère et de ses mœurs, ce qui lui avait fait quelques ennemis parmi ses camarades.

Lié d'amitié avec un des élèves de cette école, ce dernier forma d'autres liaisons avec quelques camarades un peu relâchés, dont les principes déplurent à Bonaparte. Après lui avoir fait quelques observations sur l'inconvenance de ses liaisons, il lui dit un jour : *Monsieur, vous avez des liaisons que je n'approuve pas; j'ai réussi à conserver vos mœurs pures, et vos nouveaux amis vous perdront. Choisissez donc entr'eux et moi, je ne vous laisse point de milieu : il faut être homme, et vous décider.*

Sur la réponse que lui fit cet ami, qu'il était toujours le même, et toujours son ami, Bonaparte, sûr de son fait, lui répétait toujours : *Choisissez, Monsieur, choisissez, et comptez ceci pour un premier avis.*

A quelque temps de là il l'avertit une seconde fois, toujours même réponse ; enfin il lui dit sèchement : *Monsieur, vous avez méprisé les avis de l'amitié, c'est renoncer à la mienne ; ne me parlez pas de votre vie.*

———

Bonaparte n'avait que 26 ans, lorsqu'il fut promu au grade de général en chef de l'armée d'Italie. Un de ses amis le voyant partir pour cette armée, lui dit : *Tu es bien jeune pour aller commander une armée. — J'en reviendrai vieux,* lui répondit-il. Mot plein de sens, et qui pouvait faire préjuger les prodiges de valeur, de tactique et de sagesse qu'il ferait à la tête des troupes françaises.

———

Ce fut dans le mois de germinal an 4, que Bonaparte partit pour commander l'armée d'Italie. Cette armée, composée de 20,000 hommes, qui défendaient depuis trois ans avec un courage vraiment héroïque, les sommets des Alpes et des Apennins , présentait un spectacle affligeant et accusateur de l'insouciance des gouvernans , par le dénuement presque général de tous les objets de première nécessité. Bonaparte , pour relever le courage de ces troupes harcelées par l'ennemi et les besoins les plus pressans , leur adressa une proclamation où l'on remarque les phrases suivantes.

« Soldats , ce n'est plus une guerre défen-
» sive , c'est une guerre d'invasion , ce sont
» des conquêtes que vous allez faire. Point d'é-
» quipages , point de magasins. Vous êtes sans
» artillerie , sans habits , sans souliers , sans
» solde ; vous manquez de tout , mais vous êtes
» riches en courage. Eh bien ! voilà vos maga-
» sins. Vous avez du fer et du plomb, marchons,
» et dans peu ils seront à vous (il leur montrait
» les champs fertiles du Piémont et de la
» Lombardie). L'ennemi est quatre fois plus
» nombreux que nous, nous en acquerrons
» plus de gloire , etc. »

———————

Bonaparte n'était encore que simple officier dans le premier régiment d'artillerie , lorsqu'il fut envoyé à Toulon. Ce fut au siége de cette ville qu'il commença à faire entrevoir ce qu'il serait un jour. Un représentant du peuple ayant condamné le placement d'une batterie, il se permit de lui dire : *Mêlez-vous de votre métier de représentant, et laissez-moi faire le mien d'artilleur; cette batterie restera là, et je réponds du succès sur ma tête.* Cette fermeté de Bonaparte pouvait lui coûter cher, sans la modération de celui à qui il fit cette réponse.

Actif et plein d'ardeur pour le travail, une grande partie de la nuit est employée à compenser la brièveté du jour. Etant à Nice, où il se rendit après la prise de Toulon, un de ses amis alla le trouver au milieu de la nuit pour quelques renseignemens urgens. Quelle fut sa surprise, de le trouver tout habillé, occupé à travailler au milieu d'une foule de plans, de cartes, de livres ouverts.—*Vous n'êtes donc pas encore couché.—Couché! je suis déjà levé, au contraire.—Comment?—Oui, quand j'ai dormi deux ou trois heures, c'est bien assez.*

Le 20 floréal de l'an 4, après une suite continuelle de victoires et de succès non interrompus, Bonaparte passa le Pô avec son armée triomphante, et donna à Lodi de nouvelles preuves de son ardent courage. La bataille s'engage, et le 22 il passe le pont sous la mitraille de l'ennemi, ainsi que celui de la rivière de l'Adda, en présence de Beaulieu, qui s'enfuit avec son armée à travers les États de Venise.

Le succès de cette bataille fut dû à la célérité de l'exécution. Bonaparte s'en explique lui-même dans la lettre qu'il écrivit au directoire à ce sujet :

« Si nous n'avons perdu que peu de monde,
» nous le devons à la promptitude de l'exécu-
» tion et à l'effet subit qu'ont produits sur l'ar-
» mée ennemie la masse et les feux redouta -
» bles de notre invincible colonne. »

Le 16 messidor de la même année, Bonaparte défit les Autrichiens à Salo, Lonado et Castiglione. Le lendemain, 4000 Autrichiens, avec une cavalerie et une artillerie formidables, viennent à Lonado sommer Bonaparte de se rendre ; il n'avait avec lui que 1200 hommes. Ce fut dans cette occasion qu'il fit preuve de cette présence d'esprit admirable, et de cette sagacité profonde qui voient la danger, et qui calculent rapidement les moyens de l'éviter, et d'en faire tourner heureusement les résultats à son avantage.

Le parlementaire ennemi fut introduit les yeux bandés. Cet officier déclare que la gauche de l'armée française est cernée, et que son général demande si les Français veulent se rendre. Bonaparte lui répondit : « Allez » dire à votre général, que s'il a voulu insul- » ter l'armée française, je suis ici ; que c'est » lui-même et son corps qui sont prisonniers ; » qu'il a une de ses colonnes coupée par nos » troupes à Salo, et par le passage de Brescia » à Trente, que si dans huit minutes il n'a » pas mis bas les armes, que s'il fait tirer un » seul coup de fusil, je fais tout fusiller. Dé- » bandez les yeux à Monsieur. Voyez le géné- » ral Bonaparte et son état-major au milieu » de la brave armée républicaine. Dites à votre » général qu'il peut faire une bonne prise ; » allez. »

On redemande à parlementer ; pendant ce temps, tout se dispose pour l'attaque. Le chef

de la colonne ennemie demande à être entendu : il propose de se rendre , il veut capituler.
« Non, répond Bonaparte , vous êtes prison-
» nier de guerre. » L'ennemi veut se consulter.
Bonaparte donne aussitôt ordre de faire
avancer l'artillerie légère et d'attaquer ; il
quitte le général ennemi qui s'écrie : Nous
sommes tous rendus !

Dans sa première campagne d'Italie, Bonaparte , après une série non interrompue d'exploits et de négociations , qu'il termina par la
prise de Mantoue , fit le 20 ventose an 5, une
proclamation à son armée , dont nous rapportons ici l'extrait , parce qu'elle retrace tous les
résultats avantageux de cette brillante campagne.

Soldats ,

« La prise de Mantoue vient de finir une
» campagne qui vous a donné des titres éternels
» à la reconnaissance de la patrie.

» Vous avez remporté la victoire dans 14
» batailles rangées et 70 combats ; vous avez
» fait plus de 100,000 prisonniers ; pris à l'en-
» nemi plus de 500 pièces de canon de cam-

» pagne; 200 de gros calibre, et 4 équipages
» de pont.

» Le pays que vous avez conquis a nourri,
» entretenu et soldé l'armée pendant toute la
» campagne, et vous avez envoyé 30 millions
» au ministre des finances, pour le soulage-
» ment du trésor public.

» Vous avez enrichi le Museum de Paris de
» plus de 300 objets, chefs-d'œuvre de l'an-
» cienne et la nouvelle Italie, et qu'il a fallu
» trente siècles pour produire.

» Les républiques Lombarde et Cisalpine
» vous doivent leur liberté..... Les rois de
» Sardaigne, de Naples, le pape et le duc de
» Parme se sont détachés de la coalition de
» nos ennemis, et ont brigué notre amitié;
» vous avez chassé les Anglais de Livourne et
» de la Corse..... Mais vous n'avez pas encore
» tout achevé..... De tant d'ennemis qui se
» sont coalisés, l'empereur reste seul devant
» vous..... Nous ne trouvons d'espérance pour
» la paix qu'en allant la chercher dans le
» cœur des états de la Maison d'Autriche. Vous
» y trouverez les ministres de la cour de
» l'empereur, corrompus par l'or de l'Angle-
» terre; vous y trouverez un brave peuple qui

» gémit sous le poids de la guerre; vous res-
» pecterez leur religion et leurs mœurs; vous
» protégerez leurs propriétés , etc. , etc. »

———————

Dans l'an 5, Bonaparte , après avoir battu,
dans quatre conrbats successifs , l'armée impériale aux ordres du prince Charles, qui
faillit être pris, passe la Piave à la tête de son
armée avec son intrépidité accoutumée. Un
soldat , entraîné par le courant , est prêt à se
noyer : une femme de la suite se jette à l'eau
et lui sauve la vie. Le général lui fit cadeau
d'un collier d'or , au bas duquel est une couronne civique , et le nom du militaire qu'elle
a sauvé.

———————

Un chasseur à cheval avait été chargé de
lui apporter de Milan à Montébello des dépêches très-urgentes. A son arrivée, il trouva
le général tout prêt à partir pour la chasse ,
lui remit le paquet et attendit la réponse.
Bonaparte la lui donna sur-le-champ : Va ,
lui dit-il, et surtout va vite. — Général, le
plus vite que je pourrai; mais je n'ai plus de
cheval, j'ai crevé le mien pour être venu avec
trop de vitesse; il est étendu mort à la porte

de votre hôtel. — Ce n'est qu'un cheval qui te manque, prends le mien. Le chasseur fait difficulté de l'accepter. Tu le trouves trop beau, trop richement enharnaché? *Va, mon camarade, il n'est rien de trop magnifique pour un guerrier français.*

A la fin de sa première campagne en Italie, Bonaparte dut s'écrier, comme César au milieu de ses triomphes : *veni, vidi, vici.*

Pour asservir le Tibre
Annibal employa seize ans,
Et pour le rendre libre
Bonaparte a mis deux printemps.

Au commencement de l'an 3, le Milanais fut le théâtre de la valeur des Français, et l'Europe en contemplation admira le génie et la fortune de Bonaparte. L'ennemi, en forces supérieures, attaqua sous Arcole l'armée française : son feu donna la mort à plusieurs généraux. Le général Augereau saisit un drapeau, et le porta au-delà du pont, sous le feu de l'ennemi. Son héroïsme émut le cœur des Français ; ils balancèrent cependant à courir de nouveaux hasards. Bonaparte paraît ; il demande aux soldats s'ils étaient toujours les vainqueurs de Lodi. Il vole rejoindre Augereau avec un drapeau à la main. La troupe le suivit avec enthousiasme, et bientôt la victoire donna une nouvelle preuve de son attachement aux drapeaux français.

Après cette longue et sanglante bataille, Bonaparte, dans la nuit déguisé en simple officier, alla parcourir le camp. Il y trouva une sentinelle profondément assoupie, la tête appuyée sur la crosse de son fusil. Aussitôt il la prit, la posa doucement à terre, s'empara de son fusil, fit la faction pendant deux heures, au bout desquelles on vint la relever. Le soldat se réveille. Quelle est sa surprise! un jeune officier fait la faction à sa place! Sa frayeur est au comble; mais elle redouble, lorsqu'observant attentivement l'officier, il reconnaît le général en chef. *Bonaparte, s'écria-t-il, je suis perdu! Non*, lui répondit le général avec douceur; *rassure-toi, mon camarade; après tant de fatigues, il est bien permis à un brave comme toi de s'endormir; mais une autre fois, choisis mieux ton temps.*

Bonaparte, admirateur né des vertus militaires, fut vivement affligé de la mort du général Hoche, qu'il apprit à l'armée d'Italie. Il promit mille sequins à celui qui ferait une ode en l'honneur du pacificateur de la Vendée, un nommé Camille lui adressa les vers suivans :

Tu veux payer des vers pour Hoche,
Jeune héros, demande-les pour toi :
On te les fera, sur ma foi,
Sans que tu fouilles dans ta poche (1).

———

Les préliminaires de la paix avec l'empereur d'Allemagne, furent signés le 29 germinal an 5, par le général Bonaparte pour la république française; le major-général Morvelds; le baron de Saint-Vincent et le marquis de Galo au nom de l'empereur. Ce souverain envoya au héros de l'Italie trois des principaux seigneurs de sa cour, pour lui servir d'ôtages. Bonaparte les reçut avec distinction, les invita à dîner, et au dessert il leur dit : *Messieurs, vous êtes libres. Allez*

———

(1) Il y a plus de bonne intention dans ce dernier vers, que de poésie.

dire à votre maître que si sa parole impé-
riale a besoin de gages, vous ne pouvez pas
m'en servir; et que vous ne devez pas m'en
servir, si elle n'en a pas besoin.

Une dame se trouvant un jour à dîner avec
Bonaparte, après ses premières campagnes
d'Italie, se monta au ton de la poésie épique,
lyrique, dramatique, et fatigua le héros d'éloges
sans mesure. *Que peut-on être dans le monde,*
s'écria-t-elle avec enthousiasme, *quand on*
n'est pas le général BONAPARTE ? Il lui répondit : *Madame, on peut être une bonne mère*
de famille.

Ce qui dans toute autre occasion, et sous
un autre commandement, serait un motif de
découragement pour le soldat, devient sous
la conduite de Bonaparte un stimulant : il
élève les siens à la grandeur de son âme. Satisfait de la conduite de la 22ᵉ demi-brigade,
dans sa seconde campagne d'Italie, il lui
écrit.

« Voilà deux ans que vous passez sur les
» montagnes, souvent privés de tout, et vous
» êtes toujours à votre devoir sans murmurer :

» c'est la première qualité du bon soldat. Je
» sais qu'il vous était dû, il y a huit jours,
» huit mois de prêt, et que cependant il n'y a
» pas eu une seule plainte. Pour preuve de ma
» satisfaction de la bonne conduite de la 22ᵉ
» demi-brigade, à la première affaire, elle
» marchera à la tête de l'avant-garde. »

La générosité de Bonaparte trouva un con-
traste frappant dans la conduite lâche du sénat hambourgeois, à l'égard des deux Irlan-
dais *Napper-Tandy* et *Blackwell*, naturalisés
français, au service de la république, détenus à cette époque dans les cachots. Ils
écrivent qu'ils ont livré ces deux prisonniers à
l'Angleterre, ne se croyant pas assez forts
pour résister à ses menaces ni à celles de
l'ambassadeur russe. Bonaparte leur répondit
ainsi :

« J'ai reçu votre lettre, Messieurs : elle ne
» vous justifie pas. Vous avez violé l'hospita-
» lité ; cela ne fût pas arrivé parmi les hordes
» les plus barbares du désert ; vos concitoyens
» vous le reprocheront à jamais. Les deux in-
» fortunés que vous avez livrés meurent illus-

» tres, mais leur sang fera plus de mal à leurs
» persécuteurs que n'aurait pu le faire une
» armée. »

——————

Le génie de Bonaparte prévit le désastre de notre flotte à Aboukir. Étant embarqué, il apprend que Nelson tient la mer avec quinze vaisseaux de ligne : il est rencontré par six bâtimens suédois, destinés pour Naples. Il fait venir les capitaines à son bord : les invite à le suivre pour ôter aux Anglais la connaissance de sa marche. Sur leurs représentations que cette démarche serait préjudiciable à leurs intérêts, il les invita à entrer dans le port de Cagliari en Sardaigne, et d'y rester quelques jours pour lui donner le temps de faire route : il n'exige que leur parole d'honneur, qu'ils ont tenue.

Arrivé à Alexandrie, il écrit à l'amiral Brueys, le 18 messidor, « d'entrer sous » vingt-quatre heures dans le port de cette » ville; et si son escadre ne pouvait pas y pé- » nétrer, de décharger promptement son ar- » tillerie et tout ce qui est destiné pour » l'armée de terre, et de se rendre à Corfou. »

Bonaparte, apprenant le 9 thermidor que

l'amiral n'a pas suivi son avis, lui écrit une lettre pressante par laquelle il lui dit : « qu'il » ne doit pas perdre une heure pour entrer à » Alexandrie ou se rendre à Corfou. »

L'amiral crut ne pouvoir opérer son débarquement devant la porte d'Alexandrie, sur des rochers où plusieurs vaisseaux avaient déjà perdu leurs ancres ; il gagne Aboukir qui offrait un bon mouillage, et là il perdit sa flotte. Cet amiral paya de sa vie, ou sa faute, ou l'impossibilité de n'avoir pu suivre l'avis de Bonaparte.

C'est ici le lieu de transcrire quelques phrases de la lettre de Bonaparte sur cet événement ; lettre dans laquelle, en déployant un caractère grand et sublime, il fit apercevoir les fautes de l'amiral Brueys.

« Il me paraît que l'amiral Brueys n'a point » voulu se rendre à Corfou avant qu'il eût été » certain de ne pouvoir pas entrer dans le port » d'Alexandrie, et que l'armée, dont il n'avait » pas de nouvelles depuis long-temps, fût dans » une position à ne point avoir besoin de retraite. » Si dans ce funeste événement il a fait des » fautes, il les a expiées par une mort glo- » rieuse.

» Les destins ont voulu, dans cette circon-
» stance, comme dans tant d'autres, prouver
» que s'il nous accorde une prépondérance sur
» le continent, ils ont donné l'empire des mers
» à nos rivaux. Mais si grand que soit ce re-
» vers, il ne peut être attribué à l'inconstance
» de la fortune; elle ne nous abandonne pas
» encore : bien loin de là, elle nous a servi,
» dans toute cette opération, au-delà de ce
» qu'elle a jamais fait.

» Quand j'arrivai devant Alexandrie, et que
» j'appris que les Anglais y étaient passés en
» forces supérieures quelques jours avant;
» malgré la tempête affreuse qui régnait, au
» risque de me naufrager, je me jetai à terre.
» Je me souviens qu'à l'instant où les prépara-
» tifs du débarquement se faisaient, on signala
» dans l'éloignement au vent une voile de
» guerre (c'était la *Justice*, revenant de Mal-
» te). Je m'écriai : *Fortune, m'abandonne-*
» *rais-tu? Quoi! seulement cinq jours!* Je
» marchai toute la nuit; j'attaquai Alexandrie
» à la pointe du jour avec 3,800 hommes
» harassés, sans canons et presque sans car-
» touches; et dans les cinq jours j'étais maître
» de Rosette, de Damanhour, c'est-à-dire

» déjà établi en Egypte. Dans ces cinq jours
» l'escadre devait se trouver à l'abri des An-
» glais, quel que fût leur nombre....., et ce
» n'est que lorsque la fortune voit que ses fa-
» veurs sont inutiles, qu'elle abandonne notre
» flotte à son destin..... »

La lettre de Bonaparte à la veuve de l'infortuné Brueys est remarquable par cette
franchise de style qui caractérise le véritable
héroïsme militaire ; elle commence ainsi :

« Votre mari a été tué d'un coup de canon,
» en combattant vaillamment à son bord : il est
» mort sans souffrir, et de la mort la plus
» douce et la plus enviée des militaires.... »

Elle finit par cette phrase de cœur :

« Appréciez pour quelque chose l'amitié et
» le vif intérêt que je prendrai toujours à la
» veuve de mon ami. Persuadez-vous qu'il est
» des hommes, en petit nombre, qui méritent
» d'être *l'espoir de la douleur*, parce qu'ils
» sentent avec chaleur les peines de l'âme. »

Quatrain impromptu sur Bonaparte.

Quand le héros s'embarqua pour l'Egypte,
Combien de gens qu'intriguait son départ !
Pour les uns, il partit trop tard ;
Pour d'autres, il revint trop vite.

———

Bonaparte arrivé à Malte, dont il s'empara, avant de poursuivre sa nouvelle carrière, fit à ses soldats une proclamation dans laquelle il développa les motifs de son expédition (1) qu'il avait tenus jusqu'alors cachés : « Vous » allez entreprendre, leur dit-il, une conquête » dont les effets sur la civilisation et le com- » merce du monde sont incalculables. » Il leur prescrit d'observer à l'égard des Maho- métans le même respect qu'ils ont porté à la

———

(1) Cette expédition fut tenue dans le plus grand secret, peut-être Bonaparte seul en était-il instruit. Quelques-. uns présumaient avec fondement, que la destination de la flotte n'était pas pour l'Egypte. Le poète Arnauld, qui se sépara du général à Malte, ajoute que Bonaparte, tout en gardant son secret, semblait rire, à bord, de ceux qui lui supposaient cette destination. Mais cette ironie du gé- néral ne fut qu'un moyen imaginé pour détourner l'atten- tion du point sur lequel il pouvait craindre qu'elle ne se fixât le plus.

5*

religion de Moïse et de Jésus-Christ ; il leur recommande aussi la modération.

« Le pillage, poursuit-il, n'enrichit qu'un » petit nombre d'hommes ; il nous déshonore ; » il détruit nos ressources ; il nous rend enne- » mis des peuples qu'il est de notre intérêt d'a- » voir pour amis.....

» La première ville que nous allons ren- » contrer a été bâtie par Alexandre ; nous » trouverons à chaque pas de grands souvenirs » dignes d'exciter l'émulation des Français.... »

Avant d'entrer à Alexandrie, où il débarqua le 15 messidor an 6, Bonaparte fit précéder son arrivée d'une lettre au pacha d'Egypte, dans laquelle, après l'avoir assuré de son attachement à la Porte, et du désir qu'il a de détruire les beys, il lui dit :

« Tu es sans doute instruit que je ne viens » point pour rien faire contre l'alcoran ni le » sultan ; tu sais que la nation française est la » seule et unique alliée qu'ait en Europe le » sultan. Viens donc à ma rencontre, et mau- » dis avec moi la race des beys (1). »

---

(1) Depuis quarante ans, les beys mamelucks acca-

Peu d'hommes ont su, comme Bonaparte, diversifier leur style, et assimiler leur langage à celui des temps où ils ont vécu, et des pays qu'ils ont parcouru. Grave, énergique, concis, et quelquefois sublime, lorsqu'il parle au soldat français; son langage emprunte le luxe, l'abondance et l'enflure de celui des Orientaux, lorsqu'il s'adresse aux muphtis et aux imans de l'Egypte. La conversation qu'il eut dans l'intérieur de la grande pyramide de Cheops avec Suleiman Ibrahim et Muhamed, est remplie de ces expressions figurées qui caractérisent la langue et les ouvrages des peuples de l'Orient, et qu'on lira avec plaisir dans le dialogue suivant :

---

blaient de vexations inouies les Français établis en Egypte : inspirés par le cabinet de Saint-James, ils redoublèrent d'audace en l'an 2, et ont employé depuis les systèmes les plus machiavéliques, pour détruire la puissance et le crédit des Français dans ce pays.

Dans l'an 2, le consul français établi au Caire, y fut insulté, à l'instigation des Anglais. Les Français qui étaient dans cette ville, indignés des mauvais traitemens qu'ils y éprouvaient, se retirèrent à Alexandrie : Mourad-Bey les fit poursuivre et ramener au Caire comme de vils criminels.

Bonaparte.

Dieu est grand, et ses œuvres sont merveilleuses. Voici un grand ouvrage de main d'homme. Quel était le but de celui qui fit construire cette pyramide?

Suleiman.

C'était un puissant roi d'Egypte, dont on croit que le nom était Cheops : il voulait empêcher que des sacriléges vinssent troubler le repos de sa cendre.

Bonaparte.

Le grand Cyrus se fit enterrer en plein air pour que son corps retournât aux élémens. Penses-tu qu'il ne fit pas mieux? Le penses-tu?

Suleiman (s'inclinant).

Gloire à Dieu à qui toute gloire est due !

Bonaparte.

Honneur à Allah ! Quel est le calife qui a fait ouvrir cette pyramide, et troubler la cendre des morts ?

Muhamed.

On croit que c'est le commandeur des croyans, Mahamoud, qui régnait, il y a plusieurs siècles à Bagdad; d'autres disent le renommé Aaron Raschild, (dieu lui fasse paix!) qui croyait y trouver des trésors; mais quand on fut entré par ses ordres dans cette salle, la tradition porte qu'on n'y trouva que des momies, et sur le mur cette inscription en lettres d'or :

L'impie commettra l'iniquité sans fruit, mais non sans remords.

Bonaparte.

Le pain dérobé par le méchant, remplit sa bouche de gravier.

Muhamed (s'inclinant).

C'est le propos de la sagesse.

Bonaparte.

Gloire à Allah, il n'y a point d'autre dieu que dieu : Mahomet est son prophète, et je suis de ses amis.

Suleiman.

Salut de paix à l'envoyé de Dieu! Salut aussi à toi, invincible général, favori de Mahomet!

Bonaparte.

Mufti, je te remercie! Le divin coran fait les délices de mon esprit, et fixe l'attention de mes yeux. J'aime le prophète, et je compte, avant qu'il soit peu, aller voir et honorer son tombeau dans la ville sacrée; mais ma mission ..... avant d'exterminer les mamelucks.

Ibrahim.

Que les anges de la victoire balaient la poussière sur ton chemin, et te couvrent de leurs ailes! Le mameluck a mérité la mort.

Bonaparte.

Il a été frappé et livré aux anges noirs Moukir et Quakir. Dieu, de qui tout dépend, a ordonné que sa domination fût détruite.

Suleiman.

Il étendit la main de la rapine sur les terres, les moissons, les chevaux d'Egypte.

Bonaparte.

Et sur les esclaves les plus belles, très-saint mufti. Allah a desséché sa main. Si l'Egypte est sa ferme, qu'il montre le bail que Dieu lui en a fait ; mais Dieu est juste et miséricordieux pour le peuple.

Ibrahim.

O le plus vaillant entre les enfans d'Issa (1) ! Allah t'a fait suivre de l'ange exterminateur pour délivrer sa terre d'Egypte.

Bonaparte.

Cette terre était livrée à vingt-quatre oppresseurs rebelles au grand sultan, notre allié (que Dieu l'entoure de gloire ! et de dix mille esclaves venus du Canada et de la Géorgie).

____

(1) Jésus-Christ.

Adriel, ange de la mort, a soufflé sur eux,
nous sommes venus, et ils ont disparu.

Muhamed.

Noble successeur de Scander (1), honneur
à tes armes invincibles, et à la foudre inat-
tendue qui sort du milieu de tes guerriers à
cheval (2).

Bonaparte.

Crois-tu que cette foudre soit une œuvre
des enfans des hommes ? Le crois-tu ? Allah
l'a fait mettre en mes mains par le génie de
la guerre.

Ibrahim.

Nous reconnaissons à tes œuvres Allah qui
t'envoie. Serais-tu vainqueur si Allah ne l'a-
vait permis ! Le Delta et les pays voisins re-
tentissent de tes miracles.

---

(1) Alexandre.

(2) L'artillerie volante, qui étonna beaucoup les
mamelucks.

Bonaparte.

Un char céleste (1) montera par mes ordres
jusqu'au séjour des nuées ; et la foudre des-
cendra vers la terre le long d'un fil de mé-
tal (2), dès que je l'aurai commandé.

Suleiman.

Et le grand serpent sorti du pied de la colonne de Pompée, le jour de ton entrée triomphante à Scanderick (3), et qui est resté desséché sur le socle de la colonne, n'est-ce pas
encore un prodige opéré par ta main ?

Bonaparte.

Lumières du siècle, vous êtes destinées à
voir encore de plus grandes merveilles, car
les jours de la régénération sont venus.

Ibrahim.

La divine unité te regarde d'un œil de pré-
dilection, adorateur d'Issa, et te rend le
soutien des enfans du prophète.

---

(1) Les ballons.
(2) Le conducteur électrique.
(3) Alexandrie.

Bonaparte.

Mahomet n'a-t-il pas dit : Tout homme qui adore Dieu et qui fait de bonnes œuvres, quelle que soit sa religion, soit sauvé.

Suleiman, Muhamed, Ibrahim, ensemble en s'inclinant.

Il l'a dit.

Bonaparte.

Et si j'ai tempéré, par ordre d'en haut l'orgueil du vicaire d'Issa, en diminuant ses possessions terrestres pour lui amasser des trésors célestes, dites, n'était-ce pas pour rendre gloire à Dieu dont la miséricorde est infinie.

Muhamed (d'un air interdit).

Le mufti de Rome était riche et puissant; mais nous ne sommes que de pauvres muftis.

Bonaparte.

Je le sais. Soyez sans crainte : vous avez été pesés dans la balance de Balthasar, et

vous avez été trouvés trop légers. Cette pyramide ne renfermait donc aucun trésor qui
vous fût connu?

Suleiman (les mains sur l'estomac).

Aucun, seigneur : nous le jurons par la cité
sainte de la Mecque.

Bonaparte.

Malheur, et trois fois malheur à ceux qui
recherchent les richesses périssables, et qui
convoitent l'or et l'argent semblables à la
boue!

Suleiman.

Tu as épargné le vicaire d'Issa, et tu l'as
traité avec clémence et bonté.

Bonaparte.

C'est un vieillard que j'honore (qu'il ac-
complisse ses devoirs quand ils seront réglés
par la raison et la vérité!); mais il a tort de
condamner au feu éternel tous les Musulmans;
et Allah défend à tous l'intolérance.

Ibrahim.

Gloire à Allah, et à son prophète qui t'a envoyé au milieu de nous pour réchauffer la foi des faibles, et rouvrir aux fidèles les portes du septième ciel.

Bonaparte.

Vous l'avez dit, trop zélés muftis : soyez fidèles à Allah, le souverain maître des sept cieux merveilleux, à Mahomet, son visir, qui parcourut tous ces cieux dans une nuit; soyez amis des Francs, et Allah, Mahomet et les Francs vous récompenseront.

Ibrahim.

Que le prophète lui-même te fasse asseoir à sa gauche le jour de la résurrection, après le troisième son de la trompette.

Bonaparte.

Que celui-là écoute qui a des oreilles pour entendre. L'heure de la résurrection politique est arrivée pour tous les peuples qui gémissent sous l'oppression. Muftis, imans, mullahs , derviches , kalenders , instruisez le peuple d'Egypte ; encouragez-le à se joindre à nous pour achever d'anéantir les beys et les mamelucks. Favorisez le commerce des Francs dans vos contrées , et leur entreprise pour parvenir d'ici à l'ancien pays de Brama. Offrez-leur des entrepôts dans vos ports , et éloignez de vous les insulaires d'Albion , maudits entre les enfans d'Issa : telle est la volonté de Mahomet. Les trésors , l'industrie et l'amitié des Francs seront votre partage en attendant que vous montiez au septième ciel , et qu'assis aux côtés. des houris aux yeux noirs , et toujours pucelles , vous vous reposiez à l'ombre. du laba , dont les branches offriront d'elles-mêmes aux vrais musulmans tout ce qu'ils pourront désirer.

Suleiman (s'inclinant).

Tu as parlé comme le plus docte des mullahs ; nous ajoutons foi à tes paroles ; nous servirons ta cause , et Dieu nous entend.

Bonaparte.

Dieu est grand, et ses œuvres sont merveilleuses. Salut de paix sur vous, très-saints muftis.

Dans un dîner que Bonaparte fit chez le cheik Sadat, il eut, avant et après le repas, une longue conversation avec les cheiks. Entre autres choses dignes de remarque, il leur dit que les Arabes avaient cultivé les arts et les sciences ; mais qu'ils étaient aujourd'hui dans une ignorance profonde, et qu'il ne leur restait rien des connaissances de leurs ancêtres. Le cheik Sadat répondit qu'il leur restait le Coran, qui renfermait toutes les connaissances. Le général demanda si le Coran, enseignait à fondre du canon : tous les cheiks répondirent hardiment que oui.

Bonaparte assiégeait Saint-Jean-d'Acre, lorsqu'après soixante jours de tranchée, il apprit que la peste était dans cette ville. Obligé de lever le siège, il en prévient l'armée par la proclamation suivante :

« Soldats, vous avez traversé le désert » qui sépare l'Afrique de l'Asie avec plus de » rapidité qu'une armée arabe.

» L'armée qui était en marche pour enva-
» hir l'Egypte est détruite ; vous avez pris son
» général, son équipage de campagne, ses
» bagages, ses outres et ses chameaux.

» Vous vous êtes emparés de toutes les
» places fortes qui défendent les puits du
» désert.

» Vous avez dispersé aux champs du Mont-
» Thabor cette nuée d'hommes accourus de
» toutes les parties de l'Asie dans l'espoir de
» piller l'Egypte.

» Les trente vaisseaux que vous avez vu ar-
» river devant Acre, il y a douze jours, por-
» taient l'armée qui devait assiéger Alexan-
» drie ; mais obligée de courir à Acre, elle y a
» fini ses destins ; une partie de ses drapeaux
» orneront votre entrée en Egypte.

» Enfin, après avoir, avec une poignée
» d'hommes, nourri la guerre pendant trois
» mois, dans le cœur de la Syrie, pris 40
» pièces de campagne, 5o drapeaux, fait
» 6500 prisonniers, rasé les fortifications de
» Gaza, Jaffa, Caïffa, Acre, nous allons ren-
» trer en Egypte : la saison des débarquemens
» m'y rappelle.

» Encore quelques jours, et vous aviez

» l'espoir de prendre le pacha au milieu de
» son palais ; mais , dans cette saison , la prise
» du château d'Acre ne vaut pas la perte de
» quelques jours ; les braves que je devrais
» d'ailleurs y perdre sont aujourd'hui néces-
» saires pour des opérations plus essentielles.

» Soldats, nous avons une carrière de fa-
» tigues et de dangers à courir : après avoir
» mis l'Orient hors d'état de rien faire contre
» nous dans cette campagne , il nous faudra
» peut-être repousser les efforts d'une partie
» de l'Occident.

» Vous y trouverez une nouvelle occasion
» de gloire , et si au milieu de tant de com-
» bats , chaque jour est marqué par la mort
» d'un brave , il faut que de nouveaux braves
» se forment et prennent rang à leur tour
» parmi ce petit nombre qui donne l'élan dans
» les dangers et maîtrise la victoire. »

Cette proclamation , qui expose au soldat
les motifs de la levée du siége de Saint-Jean
d'Acre , est un modèle de style par sa simplicité jointe à cette grandeur et cet héroïsme
militaire qui caractérisent toutes les actions
de Bonaparte.

Lors de la levée de ce siége, il y avait beaucoup de blessés, et peu de moyens de transport. Bonaparte partait avec son état-major quand on l'en avertit : il descend aussitôt de cheval, tout ce qui l'entoure en fait autant ; les chevaux sont envoyés aux malades, et ce général fit à pied une marche de trois jours dans les sables brûlans du désert.

Les journées des 18, 19 et 20 brumaire forment une époque mémorable dans les annales de la révolution. Les faits et anecdotes qui sont relatifs à Bonaparte méritent d'être burinés par l'histoire. On y trouvera tout à la fois ces traits de générosité et de grandeur d'âme, et surtout de cette présence d'esprit inaltérable qui caractérise le héros de l'Italie.

Quelques jours avant le 18 (1), il a dit à une personne : *La révolution qui se prépare sera le contraire des autres ; elle n'entraî-*

---

(1) Un homme d'esprit disait, en parlant du 18 et 19 ructidor, *jamais la patrie n'a eu si peur d'être sauvée.* On peut dire du 19 brumaire, *jamais plus de joie n'a prouvé qu'elle l'était.*

nera aucune proscription, et en fera cesser plusieurs. L'effet a répondu à l'annonce.

———————

Dans une de ces mémorables journées, il voulut monter un cheval fougueux : un citoyen s'approche et l'aide. *Je devrais pourtant monter aisément,* dit Bonaparte en le remerciant, *car je ne suis pas lourd? Pardonnez-moi,* répliqua ce citoyen, *vous êtes le contre-poids des puissances ennemies!*

———————

La proclamation que Bonaparte, au 18 brumaire, fit aux troupes stationnées à Paris, est pleine de ces mouvemens éloquens propres à émouvoir fortement les cœurs. « Dans quel état, s'écrie-t-il, j'ai laissé la France ; dans quel état je la retrouve ! Je vous avais laissé la paix, je retrouve la guerre. Je vous avais laissé des conquêtes, et l'ennemi presse vos frontières. J'ai laissé vos arsenaux garnis, et je n'ai pas trouvé une arme : vos canons ont été vendus ; le vol a été érigé en système ; les ressources de l'état sont épuisées ; on a eu recours à des moyens vexatoires, réprouvés par la justice et le bon sens. On a livré le

.soldat sans défense. Où sont-ils les braves, les
cent mille camarades que j'ai laissés couverts
de lauriers? Que sont-ils devenus? Ils sont
morts !.... »

———

Les heureux résultats de la journée du 18
brumaire inspirèrent un poète qui signala sa
satisfaction par le jeu de mots suivant :

> Je me disais l'autre jour, *à parte*,
> Quand de nos maux verrons-nous donc le terme ?
> Lors un esprit me répond, *à parte*,
> Bientôt !... bientôt !... Un héros juste et ferme,
> Ayant conçu ses projets *à parte*,
> Viendra chasser hors de votre cité
> *Tous les brigands*, les loups qu'elle renferme,
> Et vous rendra votre tranquillité.
> — Ah ! vive Dieu ! c'est un bon *à parte*.

———

Lorsqu'en l'an 8, le gouvernement fit un
appel à trente mille conscrits, l'arrêté en fut
porté au tribunat, qui en adopta les bases ;
Girardin, membre du tribunat, s'écria :

« Quand Bonaparte promet de marcher à
la tête de nos armées, pourrions-nous craindre les revers ? Des revers ? Des revers et Bonaparte ! Ces deux mots s'étonnent de se
trouver sur la même ligne. »

La modération est presque toujours le partage du héros : Bonaparte, après son élévation au consulat, entreprit, dans ses vues bienfaisantes, de faire cesser le fléau de la guerre sans compromettre la dignité du nom français. Il envoie un de ses aides-de-camp à Berlin ; il écrit à George, roi d'Angleterre, et termine sa lettre de la manière suivante :

« Le sort de toutes les nations civilisées est attaché à la fin d'une guerre qui enveloppe le monde entier. »

Le machiavélisme du cabinet de Saint-James, en y faisant une réponse, sembla dédaigner la lettre du premier consul, et se prépara à de nouveaux combats.

Dans le même temps, il écrivit au général Augereau, en le nommant général en chef de l'armée française en Batavie.

« Montrez dans les actes que vous ferez dans l'étendue de votre commandement, que vous êtes au-dessus de ces misérables divisions de tribunes, dont le contre coup a été malheureusement, depuis dix ans, le déchirement de la France..... Si les circonstances m'obligent à faire la guerre par moi-même, comptez que je ne vous laisserai pas en Hollande, et que je n'oublierai jamais la belle journée de *Castiglione*. »

———

A l'époque du 18 brumaire, lorsque Bonaparte prit les rênes du gouvernement, notre marine se trouvait presque désorganisée. Plusieurs officiers de la marine et des chefs de ce département furent présentés au héros de l'Italie, qui leur adressa les paroles suivantes, pleines de vérité et de sagesse :

« Les marins sont braves, et même expérimentés. Les revers qu'ils ont éprouvés ne doivent être attribués qu'à la mauvaise organisation de la marine : les capitaines n'ont pas les moyens suffisans pour faire respecter leur autorité; le pouvoir qu'on a élevé près d'eux encourage l'insubordination de l'équipage : je veux parler du juri. *Sur terre, une bravoure indisciplinée a pu vaincre quelquefois ; sur mer, jamais.* »

———

La bataille de Marengo, où Bonaparte montra toutes les qualités d'un grand capitaine et d'un tacticien profond , fournit une foule de traits de grandeur , d'héroïsme , entièrement étrangers à l'histoire ancienne , et que la postérité se plaira à répéter avec enthousiasme. C'est dans cette fameuse plaine qu'on pourrait pour ainsi dire comparer à une nouvelle Pharsale , que Napoléon , au milieu du feu , de la mitraille , et d'une armée presqu'en déroute , fit preuve de ce sang-froid inaltérable , de cette imperturbable sécurité au milieu du trouble et du désordre , qui ne sont que les fruits d'une longue expérience et du génie militaire le plus exercé. On a recueilli aussi plusieurs de ses réponses et de ses pensées , dignes tout à la fois de César et de Titus. Nous allons rapporter quelques-unes des plus remarquables.

Lorsque les divisions Lemonnier et Desaix furent arrivées , Bonaparte les mit en bataille et les vit à cheval. Quelqu'un lui observa qu'il était étonnant qu'aucun de ceux qui étaient avec lui n'eût été tué. *Ils étaient avec moi*, répondit-il, *ma fortune les préservait* (1).

____

(1) Ceci rappelle le mot de César aux pêcheurs qui le

L'armée française, inférieure en nombre
à celle de l'ennemi, et déjà fatiguée d'un
combat de huit heures, commençait à s'é-
branler et à battre en retraite, lorsque Bonaparte ranima son courage, en criant aux
soldats : *Enfans! souvenez-vous que mon
habitude est de coucher sur le champ de
bataille.*

Lorsqu'on vint lui annoncer, au milieu du
plus fort de l'action, la mort du général Desaix,
il ne lui échappa que ces mots : *Pourquoi ne
m'est-il pas permis de le pleurer* (1) ?

---

conduisaient dans une barque, au milieu d'une violente
tempête : Ne craignez rien; *vous portez César et sa fortune.* Il y a dans la réponse de Bonaparte, dit un homme
d'esprit, plus de sagesse que d'orgueil. Cette manière de
s'exprimer est propre à frapper les imaginations, sans
choquer les amours-propres.

(1) Bonaparte avait pour ce jeune général, qui fut mois-
sonné à la fleur de ses ans, la plus haute estime. Il en
donna une preuve éclatante, à l'arrivée de ce général en
Italie, lors de ses premières campagnes, en faisant pro-
mulguer l'ordre suivant : « Le général en chef avertit l'armée d'Italie, que le général Desaix est arrivé de l'armée
du Rhin, et qu'il va reconnaître les positions où les Français se sont immortalisés. »

Cette sensibilité exquise qui caractérise le véritable héros, et qui donne du relief aux actions de la vie du particulier le plus obscur, est identifiée avec Bonaparte, et forme une nuance délicate à son portrait, qui en fait ressortir les traits avec plus d'éclat. A la mémorable journée de Marengo, rencontrant une grande quantité de soldats blessés, il s'écria douloureusement : *On regrette de n'être pas blessé comme eux pour partager leurs douleurs.*

———

Lorsqu'au fort de cette bataille, le général Berthier vint lui annoncer que l'armée commençait à se mettre en déroute, il lui dit : Général !... *vous ne m'annoncez pas cela de sang-froid.* Mot digne d'un héros, et qui rappelle ce beau vers d'Horace :

Impavidum ferient ruinæ.

———

Impromptu sur Bonaparte.

Qui prêtera jamais, pour tracer ton histoire,
Une plume à Clio?.... L'aile de la Victoire.

———

A cette même bataille, Bonaparte, au milieu des plus grands dangers, conserva le

calme le plus héroïque. Les braves qui l'entouraient, lui observant que les balles sifflaient autour d'eux sans les atteindre, il leur
répondit : *C'est ma fortune qui vous couvre*.

———

Le poète Lebrun, dans une de ses odes,
parlant de la bataille de Marengo, s'exprime
ainsi :

> Quel choc ! le sort quatre fois change,
> Partout siffle le plomb mortel.
> Au premier rang de sa phalange,
> *Desaix !...* Sa tombe est un autel.
> Au lieu de pleurer, Bonaparte le venge.
> Sous des lauriers que Bacchus a d'attraits !
> Enivrons, mes amis, la coupe de la gloire
> D'un nectar pétillant et frais.
> Buvons, buvons à la victoire,
> Fidèle amante du Français.

———

Dans la dernière campagne d'Italie, un
soldat mécontent montre à Bonaparte son
habit entièrement usé, dont les lambeaux le
couvraient à peine, et lui en demande un neuf
avec assez d'humeur. *Un habit neuf*, répond
le général, *tu n'y songes pas, on ne verrait
pas tes blessures*.

L'antiquité n'offre rien de comparable à ce
mot.

Bonaparte, en revenant de sa seconde campagne d'Italie, prit la route de Turin, traversa le Mont-Cénis, passa à Chambéry, et arriva à Lyon le 9 messidor an 8. Son intention était de se dérober aux honneurs qu'on voulait lui rendre ; mais, malgré toutes les précautions qu'il fit prendre pour cela, la nouvelle de son arrivée se répandit dans toute la ville : une foule immense se porta sur les quais, les ponts, les rues et les toits, en criant : *C'est Bonaparte!* les applaudissemens, les *vivat*, les *bravo* durèrent jusqu'à la nuit, mêlés aux fanfares et aux salves d'artillerie.

Le lendemain à neuf heures du matin, Bonaparte, au milieu d'un superbe cortége et de 5o,obo Lyonnais, se mit en marche et arriva à Bellecour, jadis la plus belle place de l'Europe, et à cette époque le *Champ de la Destruction.....* (1) , pour poser la première pierre, et commencer enfin la réédification des fameuses façades qu'on avait eu la barbarie de démolir après le siége.

____

(1) La destruction de cette place fut un des exploits tragiques du comédien Collot-d'Herbois, déporté à Sinamary, où il mourut quelque temps après son arrivée.

On improvisa pendant la nuit du 9 au 10 une médaille en bronze : elle fut présentée à Bonaparte un instant avant qu'il posât la première pierre de la façade ; il la reçut en riant, et dit au préfet d'assurer les Lyonnais que bientôt cette place recouvrerait son ancienne splendeur, et que les fabriques de Lyon, réduites à 4000, seraient portées avant deux ans à plus de 25,000. Il posa ensuite la médaille, renfermée dans une boîte de plomb, sous les fondemens du nouvel édifice.

Cette médaille représente d'un côté l'effigie de Bonaparte, avec cette légende :

A BONAPARTE ,

Réédificateur de Lyon ;

VERNINAC , *préfet ,*

Au nom des Lyonnais reconnaissans.

De l'autre côté , une guirlande de chêne, au milieu de laquelle était écrit :

VAINQUEUR A MARENGO ;

Deux fois

CONQUÉRANT DE L'ITALIE ;

Il posa cette pierre
Le 10 messidor an VIII.

Après cette auguste cérémonie, il se rendit chez le préfet, où un déjeûner splendide l'attendait. Il fut convive aimable, comme il fut redoutable dans les combats. C'était Alexandre, dînant avec ses amis le jour qu'il fondait Alexandrie.

Pendant le séjour de Bonaparte à Morfontaines, dans le mois de vendémiaire an 9, il lui fut présenté des médailles d'or, récemment trouvées dans ce département; elles étaient conservées : quelques-unes datent des premiers temps de la république romaine. Le préfet, en les lui présentant, lui dit : « Qu'il était difficile de se procurer de ces pièces, parce que ceux qui les avaient trouvées avaient peur qu'on ne les inquiétât pour cette trouvaille (1), parce que, suivant les anciennes lois, les trésors trouvés appartenaient au gouvernement. » — « Aujourd'hui, répondit Bonaparte, le gouvernement ne veut pas disputer contre la bonne fortune d'un citoyen; d'ailleurs, il faut éviter que ces médailles, qui peuvent être des monumens précieux pour l'histoire, ne soient fondues; faites-en ache-

____

(1) Il pouvait y en avoir pour 600,000 liv.

ter tant que vous pourrez….. Probablement, (ajouta-t-il après un moment de silence) il vous sera facile de vous en procurer d'autres ? — Général, je l'espère. » Sur cette réponse, Bonaparte s'approche de M. Desvic, un des ministres américains qui venaient de signer un traité de paix avec la France, et lui dit : « Voilà des médailles *romaines* qu'on vient trouver en *France*, portez-les en *Amérique*. » Ainsi des monumens de la république romaine devinrent des gages d'union entre la France et les États-Unis d'Amérique.

Dans le courant de l'an 10, sur la prière faite par le conseil général du département de la Seine à Bonaparte, d'agréer le projet d'un portique triomphal sur l'emplacement du grand Châtelet, qui venait d'être démoli, comme un gage de la reconnaissance et de l'attachement respectueux de la ville de Paris, il répondit :

« Je vois avec reconnaissance les sentimens qui animent les magistrats de la ville de Paris. L'idée de dédier des monumens aux hommes qui se rendent utiles au peuple, est honorable pour les nations.

» J'accepte l'offre du monument que vous voulez m'élever ; que la place reste désignée ; mais laissons aux siècles à venir le soin de la construire , s'ils ratifient la bonne opinion que vous avez de moi. »

Cette dernière phrase est l'expression de l'héroïsme joint à la modestie.

———————

Bonaparte , échappé comme par miracle aux flottes anglaises qui tenaient la mer lors de son retour d'Egypte en France , eut encore le bonheur , quelque temps après sa nomination au consulat, de tromper l'espoir des scélérats qui voulaient attenter à ses jours par le fer et le feu : ce qui a inspiré à un poète le distique suivant :

Te petit ense scelus, fluctu mare tartara flammis ?
Arma ratem, curum ter regit ipse Deus.

———————

La distribution des drapeaux que Bonaparte fit à la légion d'élite , en l'an 11, a donné lieu aux vers suivans , qui ont surtout le mérite de la vérité. Pour en saisir la justesse , il est bon de savoir qu'il est des bataillons et des escadrons dont le feu a tellement maltraité ou déchiré les drapeaux et les étendards , qu'on n'a rapporté que les piques auxquelles ils étaient attachés.

> Quand tu remplaces leurs drapeaux,
> Tu ne fais qu'acquitter la dette de la gloire ;
> Il leur en fallait de nouveaux,
> Tu les a tous usés aux champs de la victoire.

***

Ceux qui aiment à faire des rapprochemens remarquent que les premiers fondemens de l'ancien concordat (1) furent jetés à la suite de la bataille de Marignan. C'était la 18ᵉ bataille à laquelle se trouva le maréchal de Trivulce , qui disait qu'elle avait été un combat de géans, et que les autres n'étaient auprès que des jeux d'enfans. Le nouveau concordat fut aussi, comme l'ancien, le fruit de la journée mémorable de Marengo.

***

Bonaparte , impassible aux clameurs de la calomnie , sait rendre justice au mérite ; il n'ouvre point l'oreille aux délations clandes-

***

(1) L'ancien concordat fut signé il y a environ trois siècles , entre deux hommes célèbres dans l'histoire par leur amour pour les lettres et les arts ; François Iᵉʳ, et Léon X. Vol. in-12 avec les deux portraits, 2 fr.; chez le même libraire.

tines qui circulent autour de lui, et dont le but est de toujours brouiller, sans aucune autre vue d'utilité et d'intérêt public.

En l'an 10, le général Menou, de retour de l'Egypte, est présenté à Bonaparte, qui lui fait un accueil distingué. « En me présentant devant vous, lui dit-il, la douleur d'avoir perdu votre plus belle conquête se renouvelle vivement; etc. »

« Le sort des batailles, répond Bonaparte, est incertain. Vous avez fait tout ce qu'on pouvait attendre d'un homme de cœur et d'expérience, après la malheureuse journée du 30 germinal an 10 (1).

» Votre longue résistance à Alexandrie a contribué à la bonne issue des préliminaires de Londres... Vos malheurs ont été grands, je le sais; mais ils ne vous ont rien fait perdre dans mon estime, et je m'empresserai de le témoigner hautement, afin qu'aucune clameur ne puisse entacher votre conduite. »

Bonaparte, dans son voyage dans les départemens de la ci-devant Belgique, en l'an

---

(1) Bataille d'Aboukir.

11 , recueillit sur son passage les témoignages les plus éclatans et les mieux mérités des sentimens du respect et d'amour du peuple pour lui.

A Amiens, où il séjourna, une jeune demoiselle, ornée des grâces de la beauté et de la candeur, le suivit de plus près qu'il lui fut possible : plusieurs fois déjà elle s'était trouvée sur son passage. Au moment enfin où il allait entrer dans une des manufactures de la ville, cette intéressante personne le regarda avec la plus vive émotion; puis cédant à l'impression qu'elle ressentait, elle tomba à ses pieds, et laissa voir que ce mouvement n'était que l'effet d'une sensation involontaire, car elle ne put lui rien dire. Elle n'avait aucune espèce d'acte de justice à solliciter, aucun droit à réclamer, aucune grâce à demander. En un mot, il paraît que l'idée qu'elle s'était faite d'un grand homme, dont elle s'était déjà sans doute occupée, était la seule cause de cette démarche; Bonaparte la releva avec émotion, et lui parla avec une bienveillance qui la remit bientôt à elle. Madame Bonaparte s'informa de sa demeure, et lui envoya le même soir un portrait du premier consul, peint par Isabey : ce portrait était entouré d'un riche médaillon, et enfermé dans une très-jolie boîte.

————

A Dunkerque, après avoir reçu les autorités constituées, il assista à un concert et un bal très-brillant, où s'étaient rendues les plus jolies femmes de la ville. Ce fut à cette fête qu'un vieillard de 95 ans lui présenta les stances suivantes :

Un brillant avenir vient frapper nos regards :
Permets que l'infortune y mêle son histoire.
A toi sont réservés l'avenir et la gloire ;
Et le temps qui n'est plus appartient aux vieillards.

J'ai vu tomber ces murs. Leur cime menaçante.
Cent fois de l'ennemi foudroya les vaisseaux ;
Et des feux de l'Etna couvrant au loin les flots,
Aux rives d'Albion rejeta l'épouvante.

Bientôt d'un vieux monarque exposant les revers,
Dunkerque dut subir un long siècle d'outrages :
Ces môles protecteurs qui couronnaient nos plages
En funestes écueils s'allongent sous les mers.

Ce bassin fut comblé : de nos tristes murailles,
Son onde, en frémissant, recouvrit les débris.
Pour inonder la terre, on ouvrit ses entrailles :
La plaine disparut sous des flots ennemis.

La main du Temps en vain réparant tant d'injures,
D'un commerce naissant nous rendit les bienfaits,
J'ai vu l'Anglais armé, sur l'autel de la paix,
Ressaisir sa victime, et r'ouvrir nos blessures.

Mais un héros paraît : les destins sont changés.
Dunkerque ! ô mon pays ! renais à l'espérance :
Dans tes vastes débris, dans tes champs ravagés,
La France a rassemblé ses trésors de vengeance.

Les enfans de Jean-Bart sauront suivre un héros
Qui va punir l'offense et venger l'infortune.
En vain de leur trident sont armés nos rivaux,
Le maître de la foudre est plus grand que Neptune.

Dans son passage à Gand, Bonaparte eut un long entretien avec le tribunal et la chambre de commerce. Il se fit donner des renseignemens par différens maires sur les besoins des citoyens de leurs arrondissemens ; sur le genre de commerce particulier à chaque commune, et ses productions territoriales. « Cette ville, dit-il, mérite des encouragemens pour son industrie publique, et l'on finira par y établir un Lycée. » Un des professeurs répartit sur-le-champ : *Voilà un bon mot ; c'est un nouveau bienfait que notre ville vous devra.*

Parmi les signes extérieurs de l'allégresse que causa partout la présence de Bonaparte, s'il en est qui doivent mériter l'attention, ce sont sans doute les inscriptions dont les habitans de Gand décorèrent les balcons, les murs, les frontispices et les portiques de chaque édifice. En voici quelques-unes des plus marquantes et des plus ingénieuses.

1° Allusion au voyage de Bonaparte dans les neuf départemens réunis de la Belgique, représentés par autant de femmes :

.... *Facies non omnibus una,*
Nec diversa tamen, qualem decet esse sororum.

2° Allusion à la rupture du traité d'Amiens.

Quæ tanta insania, cives!
Creditis avectos hostes? Sic noctus Ulysses!

3° Réponse à l'agression de cabinet britannique.

Testaturque deos iterum se ad prœlia cogi.
Di maris ac terræ, tempestatumque potentes,
Ferte viam vento facilem, et spirate secundi.

4° Allusion au 18 brumaire an 8 :

Hic rem romanam, magno turbante tumultu,
Sistet.

5° A l'heureuse arrivée de Bonaparte dans le département de l'Escaut :

Recordabor fœderis mei vobiscum.

6° Un aigle sortant d'une volière où il était enfermé, porta ce joli quatrain à Bonaparte :

NAPOLÉON, je te salue,
Et je rends grâce à ma captivité,
Puisqu'aujourd'hui mon œil en liberté
Fixe un astre de près, sans traverser la nue.

7° **Les cinq vers suivans, inscrits sur le frontispisce de l'Académie de peinture, méritent d'être cités :**

Vainqueur au bord du Nil, aux champs de l'Ausonie.
De la grandeur et du génie,
Un héros rassembla les monumens épars:
Memphis à Rome est réunie,
La France est le temple des arts.

Le lendemain de son arrivée à Anvers, il dit aux autorités constituées de cette ville :

« J'ai parcouru votre ville, et je n'ai trouvé que des décombres et des ruines : elle ressemble à peine à une ville européenne, et j'ai cru ce matin me trouver dans une ville d'Afrique. Tout y est à faire : port, quai, bassin d'échouage. Il faut enfin qu'elle mette à profit les avantages immenses de sa centralité entre le nord et le midi, de son fleuve magnifique et profond ; qu'elle devienne la cinquième ou sixième ville commerçante du monde. On porte à 20 millions la confection de ces ouvrages : la guerre ne nous permet pas de vous les accorder ; mais dès à présent nous ferons ce que nous pourrons ; c'est à la ville et au commerce à nous seconder au moins par des avances. Il faut marcher avec le temps ; il ne dépend pas toujours de nous d'accélérer sa marche. »

Dans un moment où l'entretien de Bonaparte avec les principaux de cette ville, avait pour sujet le départ et le remplacement des conscrits, il dit, avec une espèce de mécontentement caché sous les dehors de l'amabilité : « Je puis bien recruter des étrangers avec l'argent que vous donnez pour les conscrits ; mais votre argent ne me donnera pas une armée nationale, et tant que vos enfans n'entreront pas dans les armées françaises, vous aurez toujours, vis-à-vis des autres départemens, l'air d'un pays étranger, d'une ville conquise. »

———

La porte de Lacken, par où Bonaparte fit son entrée à Bruxelles, après avoir quitté

Gand, représentait un trophée de fleurs et de branches de chêne, sur lequel on lisait :

Honneur au héros qui nous a rendu notre antique patrie.

Une foule immense obstruait toutes les rues; les pavés étaient couverts de sable et de fleurs, et éclairés par une belle illumination. Bonaparte, en passant devant l'entrée du parc, put voir ce vers qui était inscrit au-dessus :

Le héros de la France en est aussi l'amour.

Parmi les diverses harangues qui furent adressées à Bonaparte par les différentes autorités constituées du département de la Dyle, on distingue celle du préfet de ce département, remarquable par des rapprochemens heureux et pleins d'intérêt :

« Après dix siècles de séparation, vous avez réuni la grande famille gauloise. Les Belges y tenaient un rang honorable; vous le leur avez rendu : je ne crains pas d'assurer que vous les en trouverez dignes.

« C'est encore aujourd'hui cette même nation dont l'illustre auteur des commentaires a vanté le courage, le patriotisme et les mœurs, et dont il se plaît à opposer les vertus domestiques aux progrès de la licence romaine.

» La Belgique compte dans ses annales plusieurs époques mémorables, et l'on a remarqué que le nom d'un grand homme s'y trouve toujours attaché au souvenir d'un grand événement.

» Ce fut en défendant leur pays contre César, que les Belges immortalisèrent jadis leurs défaites.

» C'est sous Charlemagne qu'ils furent cités par lui-même comme le peuple le plus belliqueux et le plus policé de l'Europe.

» Le nom de Charles-Quint rappelle ici le beau siècle du commerce et des arts.

» Enfin celui de Bonaparte, où se trouvent réunies toutes les idées de gloire et de bonheur, devient pour la Belgique l'irréfragable garant de ses prospérités nouvelles... »

———

Bonaparte, pendant son séjour dans cette ville, visita les ateliers, les manufactures, les hôpitaux, laissant partout des marques de sa générosité et de sa bienfaisance. Les ouvriers de toutes les manufactures reçurent le paiement d'une semaine pour gratification. Il donna à l'hôpital, desservi par les vertueuses filles appelées *Sœurs noires*, une somme de 5,000 liv.

La garnison d'Aboukir, accusée par la malveillance d'avoir rendu ce fort aux Anglais, après trois jours d'une faible résistance, réclame auprès du gouvernement, et s'adressant directement à Bonaparte, s'exprime ainsi :

» Vous ne souffrirez pas que les palmes d'honneur que nous avons cueillies sous vos ordres soient flétries par des lâches et des traîtres. Nous ne perdrons pas en un jour le prix de dix ans de travaux. Nous avons affronté tous les périls, pour mériter l'honneur d'être comptés parmi les défenseurs de la patrie, et le rapport qui a pu vous être fait est faux et calomnieux, etc. »

Bonaparte répondit à ces braves militaires :

« Soldats, j'ai lu votre lettre. Je me suis fait rendre compte de votre conduite : je vous reconnais toujours pour de dignes enfans de la 61e; j'ai donné ordre que l'on vous rendît vos armes. Je saisirai la première occasion pour vous mettre à même de vous venger : vous n'avez jamais été vaincus, mais vous ne mourrez pas sans être vainqueurs. »

On se rappelle que dans le mois de thermidor an 9, plusieurs régimens, entr'autres celui du 1er d'artillerie, où Bonaparte fit ses premières armes, s'insurgèrent contre leurs chefs à Turin. Six des principaux coupables de chaque corps furent arrêtés. Sa sévérité porta principalement sur le 1er régiment d'artillerie à pied, qui fut dissous, et recomposé de compagnies d'un des régimens d'artillerie à cheval qui s'étaient les mieux conduits; mais on se borna à en chasser les plus coupables.

A la parade du 15 prairial an 10, Bonaparte rendit au 1er régiment d'artillerie ses drapeaux., après en avoir arraché le crêpe, et y avoir suppléé de nouvelles cravates; s'adressant au chef de brigade, il lui dit : « Les banderoles que j'attache à ces drapeaux ont effacé jusqu'aux souvenirs des crêpes funèbres qui les ont couverts pendant huit mois. »

« Canonniers du 1er régiment, voilà vos

drapeaux, ils vous serviront toujours de point de ralliement ; ils seront partout où le peuple français et son gouvernement auront des ennemis à combattre. Vous jurez de les défendre jusqu'à la mort, vous jurez qu'ils ne tomberont jamais au pouvoir de l'ennemi. »

Le serment fut prêté avec enthousiasme, et après différens airs exécutés par la musique du régiment, Bonaparte reprit ainsi :

« Officiers et sous-officiers du 1er régiment, c'est dans vos rangs que j'ai pris les premières leçons de l'art militaire ; j'ai vu notre régiment uniquement sensible au sentiment d'honneur : soyez dignes d'être les premiers du premier corps de l'armée ; faites connaître que je les vois ici avec une vive satisfaction. »

Cette sévérité de Bonaparte, à l'égard d'un régiment dans lequel il avait fait ses premières armes, fut un hommage qu'il rendit à la discipline militaire, qu'il sut si bien faire observer. Tout en châtiant le soldat, il lui communique la grandeur de son âme, il l'électrise, et le châtiment qui devrait naturellement refroidir le cœur du soldat pour son général, devient un stimulant, un germe d'héroïsme par la manière dont il sait l'infliger.

Ce fut à cette même parade, qu'apercevant le chirurgien-major du régiment, qu'il n'avait pas vu depuis long-temps, il lui adressa ces mots : *A propos, citoyen Bievelot, êtes-vous toujours, avec votre aménité particulière, un peu original ? — Pas autant que vous, mon général ; vous qui ne faites rien comme les autres, et que personne ne saurait imiter.*

Lors de son voyage à Boulogne et sur les côtes, Bonaparte en passant la revue d'une division de l'armée, un soldat de la 4e lui présenta les armes, et lui dit :

« En l'an 5, j'ai partagé avec vous un pain de munition dans les gorges de Bassano, et cela vous a été fort utile, car vous aviez bien faim, et vous ne pouvez l'avoir oublié. Je vous demande donc d'en faire autant pour mon père, qui est vieux et infirme. J'ai reçu cinq blessures dans les armées, j'ai été fait caporal et sergent sur le champ de bataille : j'espère être sous-lieutenant à la première affaire. »

Bonaparte se ressouvint parfaitement de l'anecdote, et fit droit à sa demande.

Parcourant un jour sur une péniche la rade de Boulogne, malgré le feu très-vif d'une frégate anglaise, il s'aperçut que le jeu d'une de nos batteries n'atteignait nullement les ennemis; il se fait mettre à terre, se rend auprès de la batterie, tire un crayon, fait ses calculs sur son porte-feuille, et ordonne aux canonniers de mettre dans leurs pièces une quantité de poudre plus forte qu'à l'ordinaire. Ils obéissent; mais un bombardier hésitait de mettre le feu, dans la crainte que le mortier ne crevât. Bonaparte, qui voit son inquiétude, prend la mèche, l'approche de la lumière; le coup part, la bombe va briser le beaupré de la frégate anglaise.

Lorsqu'au camp de Boulogne, on creusa pour établir le campement de Bonaparte, on remarqua comme des présages, la découverte d'une hache d'armes qui parut avoir appartenu à l'armée romaine qui envahit l'Angleterre. On trouva aussi à Ambleteuse, en tra-

vaillant à placer sa tente, des médailles de
Guillaume-le-Conquérant : il faut convenir
que ces circonstances sont extraordinaires,
et elles paraîtront encore plus singulières, si
on se rappelle que lorsque le général Bonaparte visita les ruines de Péluse en Égypte, il
y trouva un camée de Jules-César.

La confection et la mise en activité du
Code civil, attendu avec tant d'impatience
par les Français, firent éclore une multitude
de petits vers, parmi lesquels on a distingué
le distique latin suivant, adressé à Bonaparte :

> Pace datâ terris, animum ad civilia vertit
> Jura suum, legesque tulit justissimus autor.

Après avoir donné la paix à l'univers, il
tourna ses pensées vers les droits civils, et
créa des lois justes.

« Les qualités militaires, dit *Bonaparte*,
ne sont nécessaires que dans quelques circonstances, et dans quelques momens. Les vertus
civiles qui caractérisent le vrai magistrat ont
une influence de tous les momens sur la féli-
cité publique. »

Un allemand, enthousiasmé des grandes actions de Bonaparte, a fait l'inscription sui-vante, destinée à être placée sur un obélisque qui doit retracer les hauts faits du héros français :

Cæsare velocior

Tot pœne mensibus.

Quot annis

Romanorum imperator

Galliam,

Imperator Gallorum

Hesperiam

Devincit, expugnat.

Romano victore,

Justior, æquior, humanior,

Libertatem

Populis reddit, non eripit :

Jura, æqua, humana,

Leges civiles

Restaurat, stabilit :

Populorum oppressores,

Prædatores,

Terret, fugat, ejicit :

Humani generis benefactor,

Posteritas.

A

Bonaparte

Seculum cognominabit.

Si la stabilité d'un gouvernement semble exiger une religion dominante, sa tranquil-

lité repousse une religion dominatrice. Mot profond et plein de justesse, adressé par le héros d'Italie à plusieurs prêtres députés vers lui pour lui offrir leurs hommages.

———

Un passager avait par spéculation apporté au cap de Bonne-Espérance, où il aborda en l'an 12, quelques-uns des petits bustes de Bonaparte. On se les disputa avec une telle ardeur, que ce marchand, au milieu de sa petite fortune, s'écria dans un transport de désespoir : « Je suis un grand coquin de n'en avoir apporté que six; deux douzaines de *Bonaparte* de plus, et ma fortune était faite. »

———

Après la prise de Milan par l'armée française, dans la deuxième campagne d'Italie, le peuple fit chanter un *Te Deum* dans l'église cathédrale de cette ville, en réjouissance de l'heureuse délivrance de l'Italie, des hérétiques et des infidèles. Bonaparte, dans une lettre aux deux autres consuls, leur fit part de cet événement; il ajouta : *On va chanter un* Te Deum, *j'y assisterai, malgré ce qu'en diront les athées de Paris* (1).

———

(1) Philosophes d'un jour, illustres professeurs d'athéis-

Le 6 ventose, à Nanci, tous les cultes se réunirent pour remercier Dieu de la conservation des jours du premier consul ; tandis que les catholiques chantaient le *Te Deum* dans la cathédrale, les juifs chantaient des cantiques dans leurs synagogues. Par une singulière coïncidence, le 6 ventose répond au 14 *adar*, nommé *purim* parmi les juifs, et consacré dans leur culte à la célébration du triomphe de Mardochée sur le perfide Aman.

Bonaparte, au commencement de l'an 10, fut nommé président de la république italienne, ci-devant dite république Cisalpine. Le discours qu'il prononça à la *Consulta* extraordinaire, formée en assemblée générale à Lyon, mérite d'être rapporté ici en extrait comme formant un tableau vrai de la situation

me, qu'ont produit vos systèmes destructeurs et vos doctrines désolantes ? Une démoralisation presque générale ; en exilant Dieu du ciel, en renversant le culte, que prétendiez-vous mettre à la place ?..... rien, absolument rien. Avez-vous oublié cette pensée sublime de votre patriarche :

Si Dieu n'existait pas, il faudrait l'inventer.

de cette république , soit après les premières campagnes d'Italie , soit après les secondes , des motifs qui ont déterminé la base de sa nouvelle constitution , et de son organisation intérieure ou extérieure.

« La république Cisalpine , reconnue depuis le traité de Campo-Formio, a déjà éprouvé bien des vicissitudes.

» Les premiers efforts qu'on a faits pour la constituer ont mal réussi.

» Envahie depuis par les armées ennemies, son existence ne paraissait plus probable , lorsque le peuple français, pour la seconde fois , chassa par la force de ses armes vos ennemis de votre territoire.

» Depuis ce temps on a tout tenté pour vous démembrer......

. .... » La protection de la France l'a emporté.

.... » Vous avez été reconnus à Lunéville.

» Accrus d'un cinquième , vous existez plus puissans, plus consolidés , avec plus d'espérance !!!.....

» Composés de six nations différentes, vous allez être réunis sous le règne d'une constitution plus adaptée que toute autre à vos mœurs et aux circonstances.

» Je vous ai réunis à Lyon autour de moi comme les principaux citoyens de la Cisalpine. Vous m'avez donné les renseignemens nécessaires pour remplir la tâche auguste que m'imposait mon devoir comme premier magistrat du peuple français, et comme l'homme qui a le plus contribué à votre création.

» Le choix que j'ai fait pour remplir vos premières magistratures, l'a été indépendamment de toutes idées de parti, de tous esprits de localité.

» Celle de président, je n'ai trouvé personne parmi vous qui eût encore assez de droit sur l'opinion publique, qui fût assez indépendant de l'esprit de localité, et qui eût enfin rendu d'assez grands services à son pays, pour la lui confier.

« Le procès-verbal que vous m'avez fait remettre par votre comité des trente, où sont analysées, avec autant de précision que de vérité, les circonstances extérieures et intérieures dans laquelle se trouve votre patrie, m'a vivement pénétré. J'adhère à votre vœu. Je conserverai encore, pendant le temps que

ces circonstances le voudront , la grande pensée de vos affaires.

» Au milieu des méditations continuelles
qu'exige le poste où je me trouve , tout ce
qui vous sera relatif et pourra consolider
votre existence et votre prospérité , ne sera
point étranger aux affections les plus chères
de mon âme.

» Vous n'avez que des lois particulières , il
vous faut des lois générales.

» Votre peuple n'a que des habitudes lo-
cales , il faut qu'il prenne des habitudes na-
tionales.

» Enfin , vous n'avez point d'armées; les
puissances qui pourront devenir vos ennemies en ont de fortes. Mais vous avez ce qui
peut les produire , une population nombreuse,
des campagnes fertiles , et l'exemple qu'a
donné , dans toutes les circonstances essentielles , le premier peuple de l'Europe. »

———

Dans le courant du mois de prairial an 11 ,
on trouva à Aix-la-Chapelle , sous les ruines
de l'ancienne basilique , bâtie par Charlemagne , une superbe colonne d'ordre corinthien;

l'évêque et son clergé la relevèrent, et l'ont placée en face de l'église cathédrale , surmontée du buste de Bonaparte. Voici l'inscription qui y fut gravée :

Heroi Bonaparte
Primo Galliæ imperatori ,
Episcopus , æques Granus , clerusque posuerunt.

Lorsque Bonaparte partit pour la Belgique , une jeune demoiselle de Paris , née de parens vertueux, mais peu riches, envoya le produit de toutes ses épargnes à M. l'archevêque de Paris , avec prière de les employer à faire dire tous les jeudis, pendant un an , une messe par un prêtre de son clergé. « L'objet de cette messe , disait la jeune personne dans sa lettre , est de prier Dieu qu'il conserve les jours de Bonaparte, et qu'il le préserve de tous accidens dans le cours de ses voyages. »

ACROSTICHE.

Brave , bon, généreux , la terreur des tyrans (1),
Oracle de l'Europe , aucun héros en France
N'égala ma grandeur, mes exploits, ma prudence.
A mes soins , Paris doit des embellissemens
Plus qu'à nul potentat qui régna sur la Seine.
A savoir qui je suis , vous parviendrez sans peine.
Retranchez Albion et ses amis pervers,
Tournez la main à gauche , ayez les yeux ouverts,
Et vous lirez un nom chéri de l'univers.

Un jeune homme s'étant rendu criminel par un excès de jalousie , sa famille eut recours à madame Bonaparte , qui se détermina à solliciter sa grâce auprès de son auguste époux. — C'est la première que je vous demande , lui dit-elle , et vous me l'accorderez. — Je ne le puis , répondit-il. — Vous me la refusez ? à moi ! — Oui , madame , quand on saura que c'est à vous que je ne l'ai pas accordée , personne n'osera la demander.

Lorsque le sénat en corps vint exprimer à Bonaparte les sentimens dont il était pénétré

----

(1) Des mers.

sur l'attentat des stipendiés de l'Angleterre ,
il lui répondit :

« Depuis que ma destinée et la volonté du
peuple français m'ont imposé les devoirs que
je remplis , j'ai renoncé aux douceurs d'une
condition privée.... Ma vie durera aussi long-
temps qu'il sera nécessaire pour le peuple
français ; mais ce que je désire que la nation
sache bien , c'est que le jour où j'aurais perdu
sa confiance , ma vie serait sans consolation
et sans but : ce jour-là elle serait finie. »

Lorsque le président du corps législatif
vint exprimer à Bonaparte les sentimens que
les membres de ce corps avaient éprouvés en
apprenant les projets de la conspiration ,
l'empereur lui répondit :

« J'ai vu avec plaisir le bon esprit des
Français dans ces dernières circonstances.
Les conspirateurs n'ont trouvé d'asile que
parmi cette espèce d'hommes qui n'a point
de patrie. Tous ceux qui mettent du prix à
l'honneur, et qui ont des droits à la considération publique, soit par leurs habitudes anciennes, soit par la confiance actuelle du
gouvernement, se sont éloignés avec horreur
des assassins. Nulle classe n'est coupable :

quelques individus seuls seront frappés. Les opinions et les erreurs passées, de quelque nature qu'elles soient, ne pourront être recherchées par la justice nationale ; elle ne connaîtra que des délits actuels. Les puissances continentales de l'Europe forment le même vœu que le gouvernement français ; elles désirent avec lui que les instrumens de trouble disparaissent à jamais. «

———

Lors du dernier complot formé contre les jours de Bonaparte, une femme s'étonnait de ces attentats réitérés contre lui, à qui la France devait son salut, remarquait-elle, tandis qu'aucun complot n'avait été formé contre Robespierre, quand ce monstre s'abreuvait de sang, et couvrait d'échafauds la France en deuil. « Madame, lui répondit quelqu'un, rien n'est plus facile à expliquer. Robespierre, en égorgeant les Français, en vouant la France à la destruction, servait le gouvernement anglais. Plus il faisait de mal, mieux les vues du cabinet de Londres étaient remplies : il n'était donc pas surprenant qu'on n'eût fait sur sa vie aucune entreprise. »

———

L'institut national, présenté à Bonaparte lors de la conspiration anglaise, découverte en l'an 12, s'exprima, par l'organe de son président, dans les termes suivans :

« Le gouvernement anglais pouvait, en frappant une seule tête, frapper la république entière.

» Veuve du héros qui l'a sauvée, la patrie voyait renaître tous ses malheurs.

» Nous perdions en vous la garantie du repos de nos familles, de la paix de nos cités, de la gloire de nos armées, du salut de notre pays.

» Des sociétés savantes et littéraires à peine renaissantes, des colléges à peine ouverts, des écoles à peine établies, pleuraient leur fondateur.

» Les élèves de Saint-Cyr, de Compiègne, de Fontainebleau, de nos nombreux lycées redevenaient orphelins.

« Le génie de la France vous a préservé. Heureux de lui devoir votre salut, l'institut national lui rend grâces encore de ce que vous n'avez pas eu, de ce que vous n'avez jamais à redouter des conspirations conçues en France et par des Français. Les complots qui vous menaçaient étaient tramés sur un

territoire étranger, par les éternels ennemis
des Français et de la France.

» Ceux qui ont voulu les servir, les seconder, en profiter, égaux devant la justice qui
les a saisis, seront égaux devant la loi qui les
jugera ; et les Anglais qui n'ont pu vous atteindre de leurs poignards impuissans, trem-
bleront bientôt devant votre épée victo-
rieuse.

» Pourquoi faut-il que cette pensée nous
ramène à celle d'un autre danger pour votre
personne, et au sentiment d'une crainte nouvelle ?

» Il est permis de l'exprimer, quand la
France entière le partage ; quand ces bataillons intrépides, cette garde fidèle, ces braves
de toutes les armes, que leurs propres périls
n'ont jamais émus, frémissent à l'idée des
vôtres.

» Ah ! du moins n'oubliez jamais que la
grande nation vous a remis le dépôt de ses
destinées. Secondez, par une prudence que
nous implorons, les vœux de la France et les
nôtres ; secondez la Providence qui veille sur
vous, et qui veut que, pour la paix du monde,
vos institutions protégées, perfectionnées par

vous-même, deviennent immortelles comme votre gloire. »

En remerciant l'institut, Bonaparte dit cette phrase remarquable : *Il y a des orages qui servent à affermir les racines d'un gouvernement.*

Il fit ensuite des questions à plusieurs membres de l'institut sur les travaux dont s'occupaient les différentes classes. Il recommanda surtout les travaux littéraires qui peuvent prendre un caractère national, en contribuant à maintenir et à augmenter l'influence de notre langue en Europe.

Cette liberté d'esprit, qui permet au chef du gouvernement de s'occuper des détails littéraires, au milieu des grands intérêts qui absorbent l'attention publique, ne peut appartenir qu'à un caractère au-dessus de toutes les circonstances. C'est à Bonaparte surtout qu'on peut appliquer ce beau vers de Lucain :

Nil actum reputans, si quid superesset agendum.

Le maintien des règles et des formes de la loi est le *palladium* de la liberté civile. Bonaparte s'en montra le strict observateur, lors du dernier complot formé contre ses jours.

Lorsque le grand-juge lança un mandat d'arrêt contre le général Moreau, la police, qui savait qu'il s'agissait d'une conspiration, arrêta le citoyen Moreau, tribun, et Frenières, secrétaire du général. Bonaparte, en ayant été instruit, fit demander au grand-juge si le frère et le secrétaire de Moreau étaient atteints par la procédure ; et sur la réponse qui lui fut faite que leurs noms n'avaient pas été prononcés dans l'instruction, il ordonna de les mettre en liberté. « Car, dit-il, s'il s'agissait d'un coup d'état ou d'une de ces mesures dans lesquelles il ne faut prendre conseil que du salut de la nation, les conspirateurs auraient été arrêtés, traduits devant une commission militaire, et exécutés dans la même nuit. C'est ici, ajouta-t-il, une procédure criminelle ordinaire, et j'entends que toutes les formes soient scrupuleusement observées. »

———————

Ceux qui ont vu de près la sérénité de Bonaparte, au moment où tout était à craindre pour lui et pour nous, lors de la conspiration

de Georges, Pichegru, etc. , ont pu lui appliquer cette réflexion de Montesquieu sur
Charlemagne : « Il se joue de tous les périls,
et particulièrement de ceux qu'éprouvent les
grands législateurs et les grands conquérans,
je veux dire les conspirations. » L'histoire doit
observer ce trait de ressemblance que semble
avoir le restaurateur de l'empire français avec
son plus illustre fondateur.

Dans le nombre des condamnés à mort dans
la conspiration Georges, Pichegru, etc.,
était M. Armand de Polignac. L'épouse de ce
dernier alla se jeter aux pieds de l'empereur,
et crier grâce pour son mari. L'empereur,
après l'avoir fixée avec attention, lui dit :

« J'ai été bien étonné de trouver votre
mari impliqué dans une si odieuse affaire. »

Madame de Polignac, autant que ses sanglots lui permirent de parler, répondit que
son mari n'avait jamais conçu l'idée d'un
crime que l'honneur réprouvait encore plus
hautement que les lois. L'accent de la douleur
prêtait une grande force à ce qu'elle disait.
L'empereur, sensiblement ému, lui dit :

« Je puis pardonner à votre mari, car c'est à ma vie qu'on en voulait : je vous accorde sa grâce. »

Et après avoir écouté avec bonté les expressions de sa reconnaissance, il ajouta :

« Ils sont bien coupables ceux qui engagent leurs plus fidèles serviteurs dans des entreprises aussi criminelles, aussi follement conçues, et dont ils ne partagent point les périls. »

L'empereur, en accordant la grâce à M. Armand de Polignac, la donna encore à plusieurs autres condamnés, entre autres au nommé Rochelle ; il dit à sa mère qui la sollicitait :

« Les crimes des enfans sont souvent le fruit de la mauvaise éducation qu'ils ont reçue de leurs parens. »

Napoléon, à son avénement à l'empire, signala son amour pour le bien par plusieurs actes de bienfaisance et d'indulgence. Le décret impérial qui y est relatif, est partagé en cinq titres, savoir :

Titre 1er. Mise en liberté des individus condamnés correctionnellement, et qui ne sont plus détenus que pour le paiement de l'amende et des frais.

Tit. 2. Débiteurs de l'état, contraints et poursuivables par corps, qui pourront être déchargés de cette contrainte.

Tit. 3. Paiement par le trésorier de la liste civile, des mois de nourrice dus par les habitans de Paris et de la banlieue, qui seront jugés hors d'état de payer par eux-mêmes.

Tit. 4. Dotation d'une fille pauvre par arrondissement communal, et par chaque municipilité des villes de Paris, Lyon, Bordeaux et Marseille.

Tit. 5. Amnistie accordée aux sous-officiers et soldats des troupes de terre et de mer, déserteurs à l'intérieur, qui rejoindront au terme fixé, et remise de l'amende encourue par eux ou leurs parens.

Lorsque le sénat eut décrété, le 28 floréal, le sénatus-consulte organique qui défère le titre d'empereur à Bonaparte, et qui établit dans sa famille l'hérédité de la dignité impériale, il arrêta de se transporter sur l'heure à Saint-Cloud, à l'effet de présenter le sénatus-consulte organique au premier consul; il se mit en marche immédiatement après la fin de la séance. Le cortége était accompagné de plusieurs corps de troupes.

Le sénat, à son arrivée, fut admis à l'audience du premier consul.

Le consul Cambacérès, président, présenta le sénatus-consulte organique au premier consul, et lui dit :

« Le décret que le sénat vient de rendre, et qu'il s'empresse de présenter à votre Majesté impériale, n'est que l'expression authentique d'une volonté déjà manifestée par la nation.

» Le décret qui vous défère un nouveau titre, et qui, après vous, en assure l'hérédité à votre race, n'ajoute rien à votre gloire ni à vos droits.

» L'amour et la reconnaissance du peuple français ont, depuis quatre années, confié à votre Majesté les rênes du gouvernement ; et les constitutions de l'état se reposaient sur vous du choix d'un successeur.

» La dénomination la plus imposante qui vous est décernée, n'est donc qu'un tribut que la nation paie à sa propre dignité, et au besoin qu'elle sent chaque jour de vous donner des témoignages d'un respect et d'un attachement que chaque jour voit augmenter.

» Et comment le peuple français pourrait-il trouver des bornes à sa reconnaissance, lorsque vous-même n'en mettez aucune à vos soins et à votre sollicitude pour lui.

» Comment pourrait-il, conservant le souvenir des maux qu'il a soufferts lorsqu'il fut livré à lui-même, penser sans enthousiasme au bonheur qu'il éprouve depuis que la providence lui a inspiré de se jeter dans vos bras?

» Les armées étaient vaincues, les finances en désordre, le crédit public anéanti, les factions se disputaient les restes de notre ancienne splendeur; les idées de religion et même de morale s'étaient obscurcies; l'habitude de donner et de reprendre le pouvoir laissait les magistrats sans considération, et même avait rendu odieuse toute espèce d'autorité.

» Votre Majesté a paru, elle a rappelé la victoire sous nos drapeaux; elle a établi la règle et l'économie dans les dépenses publiques. La nation rassurée par l'usage que vous en avez su faire, a repris confiance dans ses propres ressources ; votre sagesse a calmé la fureur des partis ; la religion a vu relever ses autels ; les notions du juste et de l'injuste se sont réveillées dans l'âme des citoyens, quand on a vu la peine suivre le crime, d'honorables distinctions récompenser et signaler les vertus.

» Enfin, et c'est là sans doute le plus grand des miracles opérés par votre génie, ce peuple que l'effervescence civile avait rendu indocile à toute contrainte, ennemi de toute autorité, vous avez su lui faire chérir et respecter un pouvoir qui ne s'exerçait que pour sa gloire et son repos.

» Le peuple français ne prétend point s'ériger en juge des constitutions des autres états.

» Il n'a point de critique à faire, point d'exemple à suivre ; l'expérience désormais devient sa leçon.

» Il a, pendant des siècles, goûté les avantages attachés à l'hérédité du pouvoir.

» Il a fait une épreuve courte, mais pénible du système contraire.

» Il rentre, par l'effet d'une délibération libre et réfléchie, dans un sentier conforme à son génie.

» Il use librement de ses droits, pour déléguer à votre Majesté impériale une puissance que son intérêt lui défend d'exercer par lui-même.

» Il stipule pour les générations à venir, et par un acte solennel, il confie le bonheur de ses neveux à des rejetons de votre race.

» Ceux-ci imiteront vos vertus, ceux-là hériteront de notre amour et de notre fidélité.

» Heureuse la nation qui, après tant de troubles et d'incertitudes, trouve dans son sein un homme digne d'apaiser la tempête des passions, de concilier tous les intérêts, et de réunir toutes les voix !

» Heureux le prince qui tient son pouvoir de la volonté, de la confiance et de l'affection des citoyens !

» S'il est dans les principes de notre constitution, et déjà plusieurs exemples semblables ont été donnés, de soumettre à la sanction du peuple la partie du décret qui concerne l'établissement d'un gouvernement

héréditaire , le sénat a pensé qu'il devait sup-
plier votre Majesté impériale d'agréer que les
dispositions organiques reçussent immédiatement leur exécution ; et pour la gloire comme
pour le bonheur de la république , il proclame
à l'instant même NAPOLÉON , EMPEREUR des
Français (1). »

L'empereur fit la réponse suivante, réponse
pleine de sentiment et de grandeur d'âme , et
où le laconisme ajoute encore à sa noble
simplicité :

« Tout ce qui peut contribuer au bien de
la patrie est essentiellement lié à mon bonheur.

» J'accepte le titre que vous croyez utile à
la gloire de la nation.

» Je soumets à la sanction du peuple la loi
sur l'hérédité. — J'espère que la France ne
se repentira jamais des honneurs dont elle
environnera ma famille.

---

(1) Ce discours, remarquable par sa précision et sa simplicité, est l'éloge le plus sincère et le plus véridique du
génie , des talens et de la conduite de Bonaparte ; c'est le
plus bel exorde d'un discours en faveur des avantages attachés au gouvernement d'un seul, et à l'hérédité du pouvoir.

» Dans tous les cas, mon esprit ne sera plus
avec ma postérité, le jour où elle cesserait
de mériter l'amour et la confiance de la grande
nation. »

Bonaparte (1) à 27 ans soumet l'Italie, et sa
conquête n'a point été comme celles de
Charles VIII et de Louis XII, un voyage militaire; César n'a pas livré plus de batailles
que ce nouveau conquérant. Toute l'Europe
s'était précipitée dans l'Italie pour la défendre
contre le général français; les vieilles troupes de
l'Autriche s'empressaient d'y venir chercher,
dans de glorieux dangers, un nouvel éclat à
leur réputation militaire. Les rives de chaque
fleuve, le passage de chaque défilé virent se
renouveler les journées fameuses de Cerisolles,

(1) Le morceau qu'on va lire est extrait d'une brochure
qui a paru en l'an 11. Nous avons cru devoir le transcrire
ici, parce qu'il forme un tableau dont la perspective se
développe à tous les regards; les nuances d'ailleurs en sont
si délicatement ménagées, que tout homme en peut saisir
les résultats, et en apprécier l'ensemble.

de Marignan , de Lens et Steinkerque. Cette illustre campagne de l'Italie était , pour ainsi dire, une galerie animée représentant tous les chefs-d'œuvre des héros modernes. Les fastes de l'histoire n'offrent aucun exemple d'une défense aussi opiniâtre et aussi savante, et d'une attaque aussi rapide dans ses mouvemens , aussi fertile en victoires , aussi féconde en ressources. Cinq armées sont successivement détruites , et trois généraux vieillis sous les lauriers, et dont la réputation avait été jusqu'alors intacte , mis hors de combat. L'Italie devenue la conquête du vainqueur, n'est point soumise au joug humiliant d'un peuple asservi par les armes : le héros lui rappelant son ancienne gloire , lui fait partager les hautes destinées du grand empire dont il est le chef; Naples, rendue à son roi , redevient, sous les auspices protecteurs de la France , une des grandes puissances du continent. Le conquérant , refusant les honneurs de l'entrée triomphale au Capitole , donne des larmes au malheur de cette reine des nations; il lui rend son pontife et le sceptre de la religion........... Je ne parle point de ses conquêtes en Orient, il les a sacrifiées au salut de la France, qui, menacée du sort de la malheureuse Pologne, allait s'anéantir dans les abîmes de l'anarchie, si la providence ne lui avait rendu le héros qui seul fait sa force. Depuis six ans, le génie de Bonaparte est la fortune de la France. A peine un faible bâtiment l'a-t-il ramené dans un des ports de la Provence, que les destinées de l'empire sont changées ; la victoire abandonne les drapeaux ennemis pour rester fidèle à nos étendards. L'invincible Suwarow est mis en fuite; les Russes belliqueux ne peuvent tenir contre nos bataillons, et les montagnes helvétiques redeviennent de nouveau un rempart inexpugnable pour la France. Bonaparte paraît, et les peuples de nos campagnes consternés le reçoivent au milieu des cris joyeux de l'espérance. Il arrive seul, avec un petit nombre de ses amis ; mais son heureuse fortune devient le gage de la prospérité publique. Un gouvernement ignoble, qui depuis six mois était le scandale de l'Europe et l'opprobre de la France, disparaît devant la présence du héros ; et les vœux unanimes du peuple remettent les rênes de l'état entre les mains du grand homme , qui naguères l'avait élevée à un degré si haut de splendeur. A peine dix mois se sont-ils écoulés depuis que Bonaparte est chef de l'empire, que l'Autrichien qui, maître de Nice , menaçait nos provinces méridionales , est chassé jusque dans ses états héréditaires; les frontières de l'empire français sont reportées à ces limites que leur avaient assignées les victoires de Charlemagne. Ainsi Bonaparte, la première année de son avénement , exécute ce que n'avait osé concevoir le génie audacieux de Richelieu , et ce que n'avait pu réaliser Louis XIV après vingt ans de triomphes. Des peuples , depuis près de onze siècles séparés de la France, réunis à ses domaines , accroissent sa population , sa force militaire et son territoire. Notre heureuse nation devient le premier peuple de l'univers ; l'Europe admire sa gloire , sa puissance et ses institutions ; le monde entier est plein de sa renommée. Bonaparte , maître de tous les mouvemens qui dirigent les opérations des puissances étrangères , fait servir son influence toute puissante à consolider son système de pacification générale. La France semble la nation occidentale de l'Europe , dont Bonaparte est le héros et le pacificateur.

Il remplit le continent entier des monumens de sa puissance politique ; sa main vic-
torieuse jette les fondemens d'une monarchie
dont l'existence est reconnue par tous les
potentats de l'Europe, et le trône de cette
monarchie devient l'honorable récompense de
l'ancienne et constante amitié de l'une des
plus illustres maisons souveraines du continent. Il place à l'entrée de l'Italie une république dont les forces effectives peuvent riva-
liser avec celles des puissances du second
ordre ; et la république italienne remplaçant,
dans le système politique, celle de Venise,
devient une forteresse imposante, qui couvre
la France du côté des pays héréditaires de la
maison d'Autriche.

Pour la première fois on voit un héros ac-
cuser lui-même la guerre d'être une lèpre dé-
vorante pour les empires, de substituer aux
sentimens doux et bienfaisans le besoin d'op-
primer, l'ardeur de détruire ; aussi, le front
orné des lauriers de la victoire, il s'arrête au
milieu de ses conquêtes pour offrir la paix
aux ennemis qu'il vient de vaincre.

Nous avons donc vu un conquérant de

11*

trente ans fermer le temple de la guerre , et rappeler à ses antiques vertus un peuple illustré par ses triomphes. Il veut la paix pour établir le règne des lois et de la justice sur les débris de toutes les factions , et pour arrêter les progrès effrayans de cette *propagande révolutionnaire*, qui menaçait l'Europe d'une subversion générale.

Lui seul a pu mettre un terme à cette guerre vendéenne qui , depuis si long-temps, désolait nos provinces ; mais il ramène les rebelles à l'obéissance , en rendant à son ancien éclat notre antique religion , pour laquelle ils combattaient ; il fait tomber les armes de leurs mains en relevant leurs temples abattus et leurs autels renversés. Ces infortunés Vendéens, qui couraient après la palme du martyre, trouvent l'olivier pacifique que leur présentent des frères adorateurs du même culte et disciples de l'Evangile. Bonaparte n'a pas fait couler une goutte de sang, et les contrées vendéennes deviennent les provinces les plus fidèles de l'empire dont il est le chef.

Législateur de l'empire qu'il a fondé, et donnant pour fondement à nos lois la morale religieuse, il a voulu se faire un système particulier de la prospérité publique. Vivifiant l'agriculture, il a su, par d'honorables encouragemens, lui créer un nouveau principe de vie et de fécondité, regardant le commerce comme une mine inépuisable pour les Etats qui le rendent l'objet principal de leur active industrie ; et regardant la navigation comme l'âme du commerce, il entreprend de réunir la Manche, l'Océan et la Méditerranée, la Somme et la Sambre à l'Escaut, l'Oise à la Sambre, la Garonne au Rhône ; ainsi la France entière ne formera plus qu'une grande ville dont les fleuves et les rivières seront les rues, et à laquelle les deux mers serviront de bassin à chacune de ses extrémités. On a vu ce grand homme se dérober pendant des semaines entières à ses hautes fonctions, pour aller dans les provinces consulter les intérêts et les vœux du peuple, et vivifier par ses regards l'industrie, l'activité et la richesse nationale. Voyageant de manufacture en manufacture dans plusieurs départemens, il n'allait point chercher des arcs de triomphe, mais visiter des ateliers.

Le luxe, alimenté par l'industrie nationale, favorise les spéculations du commerce, donne une circulation plus active aux richesses fictives ; aussi Bonaparte a-t-il environné les fonctions publiques de cet éclat majestueux qui fixe l'attention, commande le respect et frappe l'imagination, enfin associe les sens à l'action de la loi, pour rendre son influence plus directe sur la pensée du citoyen. L'intermédiaire des signes est essentiellement populaire ; ils commandent à l'opinion sans l'asservir : une telle puissance peut d'autant moins inspirer d'inquiétude, que son caractère n'est jamais répressif.

Ayant organisé l'armée par des règlemens sages et utiles, il est devenu le bienfaiteur des compagnons de ses victoires : c'est pour eux qu'il a créé cette légion d'honneur, dont l'éclat l'égale, dès sa naissance, aux ordres militaires les plus illustres de l'Europe. La richesse, l'héroïsme et les décorations honorifiques concourent à la splendeur et à la magnificence d'une telle institution. Dix camps établis en permanence dans les provinces *des pays* nouvellement réunis, reproduisent l'exemple de ces distributions de terre faites par César à ses légions victorieuses ; mais de telles dotations territoriales sont loin de cet

arbitraire odieux et spoliateur qui caractéri-
sait les distributions de terre du général romain. Bonaparte n'assigne aux camps qu'il a
formés que les biens appartenant aux établissemens religieux supprimés ; il dote ses soldats
avec des domaines devenus nationaux par les
lois françaises , et non avec l'héritage patri-
monial des citoyens.

Si par tant d'honneurs et de bienfaits il
encourage ainsi l'émulation militaire , il est
loin de négliger les autres parties de l'admi-
nistration civile. « N'a-t-il pas élevé à la
gloire des arts et des sciences ces temples
augustes où le philosophe proclame les vertus de la morale , où l'historien déploie avec
majesté les archives du genre humain, où
l'orateur montre les beautés de l'éloquence ,
où le poëte enchante par l'harmonie de ses
vers et où l'artiste anime ses pinceaux ?
N'a-t-il pas multiplié les établissemens de
la bienfaisance , les asiles de la charité et
de l'humanité souffrante ? »

Lors de la prestation de serment faite
entre les mains de sa majesté par tous les
membres de la légion d'honneur, le 14 juil-
let, aux Invalides, après le discours éloquent

du grand-chancelier, les grands-officiers de la légion, appelés successivement par le grand-chancelier, s'approchèrent du trône et prêtèrent individuellement le serment prescrit.

L'appel des grands-officiers fini, l'empereur se couvrit, et s'adressant aux commandans, officiers et légionnaires, prononça d'une voix forte et animée ces mots :

« Commandans, officiers, légionnaires, citoyens et soldats, vous jurez sur votre honneur de vous dévouer au service de l'empire et à la conservation de son territoire dans son intégrité, à la défense de l'empereur, des lois de la république et des propriétés qu'elles ont consacrées; de combattre, par tous les moyens que la justice, la raison et les lois autorisent, toute entreprise qui tendrait à rétablir le régime féodal ; enfin vous jurez de concourir de tout votre pouvoir au maintien de la liberté et de l'égalité, bases premières de nos constitutions. Vous le jurez ! »

Tous les membres de la légion, debout, la main élevée, répétèrent à la fois : Je le jure. Les cris de *vive l'empereur!* s'élevèrent de toutes parts.

Ces derniers mots, prononcés avec l'accent d'une énergie profonde, portèrent dans toutes les âmes une vive émotion, dont elles furent long-temps pénétrées.

La messe finie, les décorations de la légion furent déposées au pied du trône, dans des bassins d'or.

M. de Ségur, grand-maître des cérémonies, prit les deux décorations de l'ordre, et les remit à M. de Talleyrand, grand-chancelier. Celui-ci les présenta à son altesse impériale monseigneur le prince Louis, qui les attacha à l'habit de sa majesté.

De nouveaux cris de *vive l'empereur* se firent entendre à plusieurs reprises.

SUPPLÉMENT

AUX DEUX PREMIÈRES ÉDITIONS

DE CET OUVRAGE.

Lors du sacre de l'empereur, le 2 décembre 1804, à peine l'impératrice fut-elle rentrée aux Tuileries qu'elle se retira dans ses appartemens, et voulut être seule quelques instans. Instruit de cette circonstance, l'empereur se rend chez elle. Jugez de son étonnement en voyant Joséphine qui, la tête appuyée dans ses deux mains, fondait en larmes. C'était pour lui à n'en pas revenir. — Qu'avez-vous, Madame, lui dit-il avec le plus vif intérêt? — Sire, que vous dirai-je, je l'ignore moi-même, lui répondit la sensible Joséphine en se jetant dans ses bras? mais depuis plus de deux heures, j'ai besoin de pleurer. Je suis

pourtant la plus heureuse des épouses ! —
Allons, vous êtes un enfant. Consolez-vous.
C'est un caprice de femme. Essuyez vos yeux;
vous n'avez jamais été si belle qu'aujourd'hui.
Surtout qu'en rentrant au salon on ne s'a-
perçoive pas que vous avez pleuré. On dirait
que je vous ai fait une scène.

Rapprochez ces larmes involontaires à
l'instant où Joséphine, au comble des grandeurs, n'aurait point dû en verser; rapprochez, disons nous, ces larmes des peines qui
l'attendaient sur le trône, et vous serez tenté
de dire qu'elle avait un pressentiment de son
divorce, et des événemens qui la conduisirent au tombeau.

Lorsque l'infortuné duc d'Enghien vit qu'il
fallait mourir, il donna une boucle de ses
cheveux et son portrait à M. Savary, en le
priant de les remettre à Joséphine, certain
qu'il était qu'elle les ferait tenir à une personne qui lui fut bien chère. (C'était mademoiselle de Rohan, que le prince avait tendrement aimée.) Joséphine reçut le portrait et
les cheveux qu'elle arrosait de larmes. Sen-

sible à la noble confiance du malheureux prince, elle fit à l'instant même partir un homme de confiance qui remit les cheveux et le portrait à leur adresse. Voyant le lendemain que son époux l'évitait, elle crut qu'instruit de l'envoi qu'elle avait fait, il lui en voulait du mal. Elle s'en expliqua avec lui le plus doucement du monde. « *M'est-il jamais arrivé de vous empêcher de faire une bonne action*, lui dit Napoléon ? *Vous êtes heureuse, Madame, de n'être point forcée à en faire de mauvaises.* Ces derniers mots que Joséphine confia à M. le comte de Beauharnais, et dont on garantit l'authenticité, expliquent la mort du duc d'Enghien, et la disposition d'esprit dans laquelle se trouvait Napoléon après ce meurtre politique.

En arrivant au sommet de la toute-puissance, Napoléon sentit le besoin de régénérer les mœurs que la révolution avait passablement perverties. Aussi se prononçait-il avec sévérité contre tout ce qu'il y avait de licencieux à sa cour. En voici un exemple pris dans sa famille.

Lucien , son frère , possédait une très-belle habitation près de Neuilly. Il y avait fait construire un théâtre sur lequel il jouait souvent la tragédie ou la comédie avec ses sœurs et ses intimes. Napoléon y fut invité avec les habitans de la Malmaison. On donnait Alzire. Elisa faisait Alzire, et Lucien Zamore. La chaleur des déclarations , l'énergique expression des gestes , et la vérité très-connue des costumes révoltèrent Napoléon. En sortant il fit éclater son indignation. « C'est une infamie, dit-il à M. de Bourrienne avec beaucoup d'humeur. Je ne veux ni ne dois souffrir de pareilles indécences. Je vais signifier à Lucien qu'il ait à ne plus y revenir. » Puis en rentrant dans le salon , dès que son frère fut déshabillé, il l'apostropha vivement, et lui fit défense de donner de semblables représentations à l'avenir. Lucien prit fort mal la semonce. — « Comment , dit-il à son frère, chez moi , dans mon intérieur , je ne serai pas libre de me distraire à ma guise ! hé ! c'est un droit qu'on ne saurait sans injustice disputer au plus simple citoyen. — Sachez que vous n'êtes pas un simple citoyen, répondit Napoléon ; vous êtes mon frère , et lorsqu'il est de ma politique et de mes devoirs de rétablir les bonnes mœurs, vous devez plus que personne ne point en afficher de mauvaises. » Les choses en restèrent-là ; mais on ne joua plus sur le théâtre de Lucien que des pièces où rien ne pouvait choquer la bienséance.

———————

On ne reprochera point à Napoléon d'avoir ruiné l'état pour ses maîtresses. Il n'en eut jamais en titre ; ou, pour être plus vrai, il n'eut que des fantaisies. Il redoutait l'empire qu'une jolie femme pouvait prendre sur lui. *« Je ne suis qu'un homme, disait-il, et si je me laissais aller jusqu'à raffoler d'une jolie femme, je me connais, je ferais des sottises tout comme un autre. »*

L'empereur, étant à Milan, eut occasion d'y voir madame Gazani, fille d'une danseuse attachée au grand théâtre. Ebloui de sa charmante figure, il la décida à venir à Paris. Il la fit nommer lectrice de l'impératrice, et son mari eut une recette générale à Evreux. Madame Gazani joignait à une beauté peu commune, un esprit cultivé et une élocution facile. L'empereur en devint éperdûment amoureux. Il ne la quittait presque plus, et s'ennuyait partout où elle n'était pas. Lui qui de tout temps travaillait avec ses secrétaires, ne paraissait dans le cabinet que pour indiquer la besogne. Un jour enfin, M. de Meneval eut le courage de lui dire qu'il y avait bon nombre d'affaires importantes qui étaient arriérées, et sur lesquelles ils ne pouvaient prononcer, sans qu'au préalable sa majesté ne les eût examinées. L'empereur, comme sortant d'un profond sommeil, lui dit avec vivacité : *Serait-il vrai, Monsieur ?* On lui mit les pièces sous les yeux, il les examina l'une après l'autre; puis se frappant tout-à-coup le front, et sans mot dire, il s'élance du cabinet avec la rapidité de l'éclair. Il entre brusquement chez Joséphine. « *Madame*, lui dit-il, *annoncez à madame Gazani qu'elle ait à faire ses malles. Elle retourne demain en Italie.* » Rentrant ensuite dans son cabinet, et se frottant les mains comme un homme joyeux de ce qu'il vient de faire, il dit à ses secrétaires : « *Messieurs, nous travaillerons désormais ensemble comme par le passé.* »

Madame Gazani avait toujours eu les plus

grands égards pour l'impératrice qui la chérissait. Cette bonne Joséphine obtint de l'empereur qu'elle resterait auprès d'elle. En effet,
elle la suivit à Navarre après le divorce. Fidèle
à sa résolution, Napoléon n'eut, depuis cette
époque, aucune liaison avec sa belle maîtresse. Dans l'esprit de bien des gens, ce trait
de caractère fait autant d'honneur à Napoléon
que le gain d'une bataille. Les Grecs en eussent
orné leur histoire.

C'était vraiment une honte en 1804 de voir
tous ces fougueux jacobins, et ces anciens
fauteurs de la république courir au-devant du
nouvel empereur. Aussi disait-il d'abondance
de cœur à M. de Bourrienne : « *Que les hom-*
mes sont bien dignes du mépris qu'ils inspi-
rent ! Voyez tous ces déterminés républicains,
je n'ai qu'à dorer leur habit, et ce sont tous
gens à moi. » C'est ce qui justifie le propos
de madame Staël qui disait : « *Comment ne*
serait-il pas despote ? ils se traînent à plat
ventre devant lui. »

Le jour du couronnement de l'empereur, on fit partir de Paris une immense couronne qui fut enlevée par un ballon. Le hasard voulut qu'elle fut trouvée à Rome, sur le tombeau de Néron, où elle s'était brisée. Le duc de Bassano raconta cette particularité à Napoléon, en prenant toutefois les précautions convenables pour ne point le blesser. « *Hé bien!* répondit l'empereur, *il vaut mieux qu'elle soit tombée là que dans la boue.* » Ce mot en dit plus qu'il n'est gros.

———

Junot, n'étant encore que sergent, écrivait un jour en plein air sous la dictée de Napoléon, alors à cheval. A l'instant un boulet de canon passe entre eux deux, et couvre de poussière le papier de Junot, qui se relève et dit en riant et saluant le boulet : « *Merci, Monsieur le boulet; vous êtes vraiment honnête de mettre vous-même de la poussière sur mon papier.* » La gaîté et le sang-froid de Junot charmèrent Napoléon. On sait quel fut son avancement.

———

Voici un trait charmant de la bonté de Joséphine, que M. de Beausset aimait souvent à raconter.

On dînait régulièrement aux Tuileries à six heures. Joséphine était faite à ce régime, et quand on dépassait par trop cette heure, elle ressentait des maux d'estomac insupportables.

Profondément occupé dans son cabinet, Napoléon avait un jour oublié l'heure. L'impératrice entend sonner sept heures, huit heures, rien de nouveau. Enfin se sentant défaillir, elle se fait apporter un consommé. La pendule sonne neuf heures, on propose à Joséphine d'aller avertir l'empereur. « Gardez-vous en bien, répondit-elle, je sais qu'il n'aime pas que je me mette à table sans lui : j'attendrai. Il est dix heures, il en est onze ; enfin l'empereur quitte le travail et vient se mettre à table. « *Mais je crois,* dit-il à Joséphine, *qu'il est un peu tard. — Onze heures passées,* répondit-elle en riant. — *Tiens, je croyais avoir dîné,* reprit Napoléon. » Lui serrant ensuite la main avec affection : « *Savez-vous, mon amie, que vous êtes la plus aimable des femmes!* » Ce prince savait si bien apprécier son épouse, qu'il disait souvent : « *Je ne gagne que des batailles, et Joséphine par sa bonté gagne tous les cœurs.* »

Dans les commencemens, l'empereur vit avec plaisir que Fouché se conciliait l'estime du faubourg Saint-Germain ; c'était ainsi qu'à cette époque on désignait l'émigration. L'anecdote suivante en est une preuve.

Une dame vint trouver Fouché, et le supplia de lui rendre son mari, qui avait émigré pendant la révolution. — Il vous sied bien, Madame, répondit le ministre d'un ton fort sévère, de venir étaler ici vos regrets et votre amour pour votre époux, quand je sais que depuis deux ans, l'instituteur de vos enfans en occupe la place et en a tous les droits auprès de vous. » La pauvre femme pâlit, se trouble, et proteste de son innocence. Fouché en eut pitié, et lui dit en souriant : « Rassurez-vous, Madame, je sais que cet instituteur est votre mari lui-même. Je n'ai pas voulu vous priver du fruit de votre courageuse tendresse. Demain il aura de nouveaux remercîmens à vous faire. » En effet, le ministre de la police envoya le lendemain à cette dame l'acte de radiation de son époux. Cette belle action vint aux oreilles de l'empereur qui voulut l'en féliciter en présence de toute la cour. « *Monsieur, lui dit-il, j'ai appris ce que vous avez fait hier pour une dame à la fois bonne épouse et bonne mère. Je vous en félicite. C'est ainsi qu'il faut rallier tout le monde à mon gouvernement.* »

Il faut nécessairement que les flatteurs et les courtisans soient une vermine dont les princes ne peuvent se nettoyer. Napoléon avait comme un autre ses flatteurs et ses courtisans, et cependant jamais prince n'a détaché plus de sarcasmes aux courtisans et aux flatteurs.

Les Marionnettes, comédie de Picard, venaient de paraître. Napoléon les fit jouer à Saint-Cloud. Après le spectacle, se trouvant au milieu de ses courtisans, le surintendant vint lui demander si l'ouvrage l'avait amusé. « Oui, répondit-il, mais quelque plaisantes que soient *les Marionnettes* de M. Picard, elles le sont moins que celles que je voyais dans les loges et à l'orchestre. » Et les courtisans de sourire : c'était le comble de la bassesse.

* * *

Il y a plus que de la mauvaise foi à imputer la guerre de Prusse au caractère ambitieux de Napoléon. Pour se convaincre qu'il ne fut en rien l'agresseur, il suffit de fouiller les cartons du ministère des affaires étrangères. On y verra tout ce que l'empereur a fait pour maintenir la paix. Il écrivait à M. Laforêt, son ambassadeur à Berlin. « Monsieur l'ambassadeur, je sais tout ce que la noble fierté de votre caractère doit souffrir des procédés du cabinet prussien. Je suis informé que des étourdis ont poussé la jactance jusqu'à venir aiguiser leurs sabres jusque sous vos fenêtres. Vous avez méprisé ces lâches bravades ; c'était comprendre la dignité de votre caractère. Continuez de même, je tiens à conserver la paix. Le roi, dites-vous, ne fera la guerre qu'à l'instigation de son épouse et de quelques jeunes insensés à la tête desquels est le prince Louis. Faites, s'il est possible, entendre au souverain que c'est chose contraire à sa dignité que de se diriger d'après l'exaltation de ces jeunes cervelles. Il y a aussi dans tout cela du Cobentzel et du Gents, qui ont gâté M. Haugwitts ; quoi qu'il en soit, ne demandez pas vos passeports ; attendez qu'on vous les donne »..............................

. . . . , ...

Quand une pareille pièce existe, il est inconcevable qu'un historien d'ailleurs très-instruit présente Napoléon comme agresseur direct de la guerre de Prusse ; mais à quel excès d'injustice l'esprit de parti ne peut-il pas entraîner même un honnête homme ! Un seul propos que dans l'abondance de son cœur Napoléon laissa échapper, prouve jusqu'à l'évidence que dans cette guerre de Prusse, il ne fut point le provocateur.

Il était à travailler dans son cabinet avec le duc de Bassano, lorsqu'il reçut les dépêches qui lui annonçaient le commencement des hostilités par les Prussiens. « *Ils le veulent,* s'écrie-t-il en jetant avec fureur le paquet sur la table ; *hé bien, ils seront satisfaits ! j'irai à leur rencontre. C'est la noblesse qui a poussé le roi à rompre les traités, qu'elle*

*tremble! Je ne ménagerai rien pour l'avilir
et la réduire à l'aumône.* » Ces paroles ont
d'autant plus de poids, qu'elles sont le jet de
l'âme et l'effet d'un premier mouvement.

———

Lorsqu'on vint annoncer à l'empereur que le
prince Louis de Prusse, frère du roi, avait été
tué au combat de Saalfeld par un maréchal-des-
logis, il répondit avec un mécontentement vi-
sible: «*Tant pis, Messieurs, tant pis! On blesse
les princes, on les fait prisonniers, mais on
ne les tue pas.* » Aussi le brave maréchal-des-
logis ne fut-il pas fait capitaine.

Napoléon, disait le général Legrand, *ignorait sans doute que le maréchal-des-logis,
qui avait fort affaire avec un brave comme
le prince Louis, n'avait pas le choix des
moyens.*

———

On trouve dans des mémoires contemporains, écrits sous la dictée des ennemis de
Napoléon, qu'il ne redoutait rien tant qu'une
guerre avec la Prusse, qu'il regardait comme
la première puissance militaire de l'Europe.

On ne pouvait avancer une plus grande absurdité. Si on avait dit tout le contraire, on aurait été beaucoup plus près de la vérité. Déjà Napoléon n'avait-il pas dit des exigeances pécuniaires de la Prusse : *« Patience, je pourrais bien quelque jour lui faire restituer en gros et avec usure le prix que depuis long-temps elle met à sa neutralité. »*

Regardait-il comme la première puissance militaire de l'Europe, le grand capitaine qui disait, huit jours avant le combat de Saalfeld où le frère du roi de Prusse fut tué : *« L'armée sera le 8 en présence des ennemis ; je les battrai le 10 à Saalfeld ; ils se retireront sur Jena ou sur Weymar, où je les battrai encore. Le 14 ou le 15, j'aurai détruit l'armée prussienne ; avant la fin du mois je serai à Berlin. »* Le guerrier disait vrai. Le mois n'était pas terminé quand il entra dans Berlin. L'anecdote est de quelque prix pour l'histoire.

———————

Ayant appris que la Prusse et la Russie hésitaient à marcher contre lui, Napoléon dit au duc de Vicence : *« Mes ennemis se sont donné rendez-vous sur ma tombe, mais c'est à qui n'y viendra pas le premier. »*

Quelque temps après la bataille d'Austerlitz, l'empereur fut averti que Fouché entretenait des intelligences avec Bernadotte.
Curieux de savoir ce dont il était question,
il fit enlever un courrier du ministre de la
police. Il sut alors qu'il s'agissait de placer
Bernadotte au trône impérial, si l'empereur
venait à être tué aux armées. Indigné de voir
disposer de son trône de son vivant, au préjudice de sa famille, il fit appeler Fouché
qui, quelqu'habile qu'il fût, se défendit fai-
blement. La scène fut chaude, et Napoléon,
justement irrité, lui adressa ces paroles fou-
droyantes : « *Depuis trente ans, vous frisez
l'échafaud, et vous n'y montez pas. Hé bien!
Monsieur, il en est de même de moi à la
guerre. Depuis dix ans j'affronte les boulets,
et ils m'ont respecté ; un demi-siècle encore
je les affronterais qu'ils ne m'atteindraient
pas davantage.* » Il était probable qu'après
une altercation aussi vive, Fouché perdrait
son ministère. Il n'en fut rien. Quelqu'un en
témoignait son étonnement à Napoléon : —
« *Que voulez-vous*, lui dit-il, *j'ai dans ce*

personnage la révolution toute entière, ses services me sont encore utiles. »

Le général Dorsennes, l'un des braves de l'armée, était toujours tiré à quatre épingles; aussi Napoléon le nommait-il *son muscadin.* Un jour, dans un moment de besoin, l'empereur se fit donner un verre d'eau-de-vie par une jeune vivandière qui ne le connaissait pas. Lui montrant ensuite le général Dorsennes : Tiens, lui dit-il, voilà l'empereur, fais-toi payer. La jeune femme se retourne, et voyant un général propre et soigné comme s'il fût sorti tout fraîchement d'une boîte, répondit : « *L'empereur... lui? Allez donc conter vos gosses à d'autres. L'empereur ne fignole pas comme ça.* » Jamais peut-être Napoléon n'a ri d'aussi bon cœur.

L'antiquité n'a peut-être rien à comparer à la sobriété de Napoléon. Il déjeûnait aux Tuileries sur un petit guéridon en bois d'acajou, recouvert d'une serviette. Le déjeûner durait ordinairement de 7 à 8 minutes. Le dîner 20 minutes au plus, excepté les jours où il se donnait *des libertés*. C'est ainsi qu'il s'exprimait sur ses repas en famille ou en société de personnes qu'il affectionnait. Alors il était d'une gaîté douce, aimable, quelquefois maligne, mais jamais satirique. Il est inconcevable comme il s'épanchait avec aisance et facilité; les bons mots, la plaisanterie agréable coulaient alors de source. C'était un tout autre homme qu'au cabinet et au salon d'apparat. C'était là les beaux instans de Joséphine. Elle le mangeait des yeux, recueillait ses paroles, faisait remarquer ses bons mots, et semblait dire aux convives : « *Voyez comme il est aimable quand il veut.* »

Napoléon mangeait rarement de mets épicés. Il donnait la préférence aux plus simples. Il ne buvait que du vin de Chambertin, et très-rarement il le buvait sans eau. Il avait en aversion les vins de liqueur et la liqueur. Il prenait tous les jours deux tasses de café, l'une le matin après son déjeuner, l'autre après son dîner. Aussi en a-t-on grossièrement imposé quand on a dit qu'il faisait de cette boisson un usage immodéré. Il en est de même de sa prétendue fureur pour le tabac. Il n'en prenait pas plus qu'un autre , mais il en jetait plus de la moitié à terre : c'était pour lui une distraction , une transition d'une idée à une autre.

C'était surtout à l'armée et dans les marches que l'empereur brillait par la simplicité de ses mœurs et de son caractère. Dans les haltes qu'il faisait faire , il s'asseyait sous un arbre avec le maréchal Berthier. Si c'était l'heure de son déjeuner ou de son dîner , on lui faisait cuire des œufs au miroir , en plein air , ou on lui arrangeait des haricots en salade. Un seul de ces deux plats lui suffisait avec un peu de fromage de Parmesan. On ne saurait croire quel bon effet produisait sur l'esprit du soldat , cette admirable simplicité de mœurs. C'était pour eux un spectacle enchanteur de voir Napoléon-le-Grand , empereur des Français , roi d'Italie , protecteur de la confédération du Rhin , et médiateur de la confédération suisse , mangeant au milieu d'eux un petit plat de haricots à l'huile avec l'appétit d'un simple fantassin à la demi-ration. Quand on lui parlait des dîners splendides de MM. Cambacérès et Talleyrand de Périgord , il disait en riant : « *Hé bien! qu'ils mangent, mangent, mangent et mangent, chacun son métier.* »

On racontait, en présence de Napoléon, qu'à l'instant où Louis XVIII fut frappé d'une balle à la tête, à Dillinghen en Allemagne, le duc d'Avaray s'était écrié : « Ah! si le coup eut frappé deux lignes plus bas..... Et qu'alors le monarque répondit tranquillement: « Eh bien! le roi de France s'appellerait Charles X. » Le jeune Auguste de Caulincourt se prit à dire : « *Pure invention, bon mot prêté après le coup.* » — Pourquoi cela, s'il vous plaît, répondit aussitôt l'empereur ? Vous ignorez probablement que *Monsieur* est un des Bourbons les plus instruits. Sachez au surplus, jeune homme, *qu'il ne faut jamais déshériter les princes de ce qu'ils font de bien, et des belles paroles qui leur échappent.* » En général, Napoléon n'aima jamais qu'on insultât en sa présence à la famille royale.

M. de Rémusat, grand-maître de la garde-robe, payait fort mal les tailleurs et les fournisseurs. Ceux-ci eurent le secret d'en faire instruire l'empereur, dont l'amour-propre fut vivement piqué. Le lendemain M. Rémusat, assistant au lever, Napoléon lui dit : *M. le grand-maître, mettrez-vous les gens dans le cas de dire : « Avant de porter des culottes, l'empereur des Français devrait bien les payer. »* Deux jours après, la direction de la garde-robe fut donnée à M. de Montesquiou.

Monsieur de Fontanes ne fut pas un des moindres flagorneurs de Napoléon. Ce fut lui qui le premier qualifia les Français de *sujets.* Il voulait un jour, qu'à l'imitation de l'ancien régime, on admît à l'institut des grands seigneurs sans titres littéraires. Napoléon, presque honteux de cette proposition, lui dit avec autant d'esprit que de finesse : *« Ah! de grâce, laissez-nous au moins la république des lettres. »*

L'excessive ambition de Napoléon autorise à dire qu'il était de caractère à lui tout sacrifier. Quoi qu'il en soit, de tous les sacrifices qu'il lui fît, le plus pénible, celui qui coûta le plus à son cœur, fut bien certainement la rupture des liens sacrés qui l'unissaient à Joséphine. Il a dit dans l'amertune de son cœur, mais avec une fermeté qui n'en est pas moins à admirer, quoiqu'on la lui conteste : « *J'en fais le sacrifice au repos de la France, qui peut-être ne m'en tiendra pas compte. Toutefois est-il vrai qu'en me séparant de Joséphine, je me prive de la seule femme que j'aie constamment et tendrement aimée.* »

Ce fut un après-midi que se trouvant dans son salon seul avec Joséphine, Napoléon lui annonça son divorce. Quelque préparée qu'elle y fût, elle n'en tomba pas moins sur le tapis en poussant des cris affreux. L'empereur effrayé appela le préfet du palais, M. de Beausset, qui trouva l'infortunée Joséphine se roulant sur le parquet, s'écriant de temps à autre : « *C'en est fait; je n'y survivrai pas.* » Napoléon et M. de Beausset la prirent l'un par les pieds, l'autre par la tête, et la portèrent par l'escalier intérieur dans ses appartemens. L'empereur sonna ses femmes, et la laissa entre leurs mains. Lorsqu'il fut rentré chez lui, son émotion était au plus haut degré.. « L'intérêt de la France et celle de ma dynastie, disait-il, ont fait violence à mon cœur..... Le divorce est devenu un devoir rigoureux pour moi..... Je suis d'autant plus affligé de la scène que vient de faire Joséphine, que sa fille Hortense devait l'y avoir préparée..... Je la plains de toute mon âme..... Je lui croyais plus de caractère..... Je n'étais point préparé aux éclats de sa douleur. » Tel était le trouble de Napoléon, en s'exprimant ainsi, qu'il était obligé de mettre un long intervalle entre chaque phrase.

Joséphine avait à cette époque quarante-six ans, que certainement on ne lui aurait pas donnés. Il était impossible d'avoir plus de grâce dans les manières et dans le maintien ; « ses yeux et ses regards, dit madame d'Audenarde, étaient enchanteurs ; l'ensemble de ses traits et sa voix étaient d'une douceur extrême ; son sourire plein de charmes ajoutait un charme de plus à tous ses agrémens. Sa taille noble et souple était parfaite. On pouvait être plus jolie qu'elle, et n'avoir pas la centième partie de ses grâces ; et son caractère, c'était un ange de douceur et de bonté. »

On peut d'autant mieux croire que ce portrait n'est point flatté, que Napoléon lui-même dit un jour au roi de Bavière qui lui parlait de Joséphine : « Joséphine était la meilleure et la plus aimable des femmes. C'était la grâce personnifiée. Tout ce qu'elle faisait, elle le faisait avec une gracieuse délicatesse. En vérité, quand je pense que j'ai sacrifié une épouse aussi véritablement aimable au bonheur des Français, je suis tenté de me dire qu'ils ne valaient pas ce sacrifice. »

A la bataille d'Austerlitz, l'empereur entendant battre la charge dans un ravin à quelque distance de lui, envoya M. Guntzbourg, son aide-de-camp, s'assurer de ce que c'était. Quelle fut la surprise de cet officier, en voyant quatre fantassins commandés par un chasseur à cheval, ayant à leur tête un tambour à peine âgé de quinze ans, qui les menait au pas de charge sur une pièce de canon défendue par une douzaine d'hommes. Il serait difficile de bien rendre la surprise de cet officier en voyant cette *terrible colonne* marchant la baïonnette croisée sur la batterie ennemie. C'était de sa part à n'en pas croire ses yeux. Il revint tout de suite en rendre compte à l'empereur. « Courez vite, lui dit-il, et faites retirer ces étourdis. » L'aide-de-camp retourne vers les six téméraires, et les somme, au nom de l'empereur, de se retirer. — *« Le Bon Dieu bénisse votre empereur, s'écrie l'un d'eux, c'est une pièce de canon qu'il nous vole comme s'il nous la prenait dans notre poche. Regardez donc, notre officier, il n'y a pas là plus de dix hommes. »* Cet étrange propos, rapporté à l'empereur, le fit rire de bon cœur. *C'est vraiment,* dit-il à son état-major, *l'indécence du courage.*

La redingote dont Napoléon s'enveloppait dans ses campagnes d'hiver, lui procurait de temps à autres certaines aventures que ses historiens ont omises, probablement comme peu dignes de figurer dans l'histoire.

A quelques lieues de Munich, l'empereur s'étant écarté de sa suite, n'avait avec lui que deux officiers d'ordonnance et un chasseur. Une jeune et jolie vivandière, ayant un baril en sautoir, et tenant par la main un enfant de cinq ans, passe à quelques pas de lui. Elle pleurait à chaudes larmes. Napoléon la fait arrêter, et lui demande pourquoi elle pleure ainsi. Cette femme, qui ne reconnaissait pas l'empereur sous sa redingote de très-peu d'apparence, ne répondait pas. L'enfant se prit à dire : « C'est papa qui a battu maman. — Où est-il ton père? — Il est là bas de garde aux voitures. — S'adressant à la mère : « Comment se nomme ton mari? — Capitaine, excusez moi si je ne vous dis pas son nom. J'aurais trop peur qu'on lui fît arriver de la péine. — Comment, il te bat, et tu crains qu'on l'en punisse ! Par hasard serait-ce toi qui as tort? — Non, capitaine, mais il m'aime tant que la jalousie lui fourre mille choses dans la tête ; après quoi il ne se connaît plus. — Diable ! cela peut devenir sérieux, si, tout en t'aimant bien, il venait à te donner un mauvais coup ? — Je lui pardonnerais ma mort de bon cœur, je sais bien qu'il ne le ferait point exprès. — A ce qu'il me paraît, tu l'aimes aussi ? — De tout mon cœur. » Cette conversation amusait singulièrement l'empereur, qui continua ainsi : — Aime-le ou ne l'aime pas, je ne veux pas moins qu'il ne te batte plus à l'avenir. J'en vais instruire l'empereur, je suis un de ses aides-de-camp. Ainsi je t'ordonne de me dire le nom de ton mari. — Vous seriez l'empereur lui-même, que je ne vous le dirais pas. — Mais, entêtée, je vais te faire suivre, et je saurai bientôt à qui tu appartiens. — Alors je n'aurai rien à me reprocher. Napoléon la laissa continuer son chemin. « Voilà, dit-il, une excellente épouse. Je ne pense pas qu'à ma cour elle aurait son modèle. » Sur ces entrefaites, les voitures dont le petit garçon avait parlé arrivèrent. L'empereur s'était retiré à l'écart p ur n'être pas reconnu. Elles étaient escortées par une compagnie de grenadiers du 62ᵉ régiment. Napoléon fit appeler le capitaine. — N'avez-vous pas, lui dit-il, une cantinière dans votre compagnie ? — Oui, Sire, et un jeune enfant. — Son mari vient, dit-on, de la maltraiter. — Sire, je ne l'ai su qu'après coup, et j'ai tancé le grenadier d'importance. Quelle espèce d'homme est-ce ? — Un bon soldat, un excellent sujet, mais un jaloux comme il en est peu, et cependant il n'a aucun reproche à faire à sa femme. — Croyez-vous qu'il me connaisse ? — Il se pourrait

que non, car il arrive d'Espagne. — Assurez-
vous-en, et s'il ne me connaît pas, envoyez-
le moi comme au général de division. » Le
grenadier vint en effet. C'était un fort bel
homme de vingt-quatre à vingt-cinq ans. —
«C'est donc toi, grenadier, qui maltraites indignement une femme jeune, jolie, et surtout
bonne épouse. Cette conduite n'est pas d'un
grenadier français. — Général, je lui dis tous les
jours de ne plaisanter avec personne, et je la
trouve toujours ricanant avec le premier venu.
— Hé bien ! laisse-la rire, elle n'est pas ici
avec des hermites. Ecoute, je te défends maintenant de lever la main sur elle; et si ce n'est
pas assez de ma défense, je te la ferai faire
par l'empereur lui-même. Que lui dirais tu ?
— Je lui dirais, je lui dirais : Sire, battez
les ennemis, et laissez-moi battre ma femme,
ça ne doit pas regarder Votre Majesté. —
Ah ! tu lui dirais cela ? Hé bien! c'est à l'empereur que tu parles. Le grenadier, rabaissant
un peu de sa hardiesse, lui répondit : — C'est
différent, Sire, je vous obéirai. — Tu feras
bien. Tu as une excellente femme, il faut la
payer de retour. Je te fais sergent. En arrivant
à Munich, tu iras trouver Duroc, qui te don-

nera vingt Napoléons. Tu acheteras une voiture et un cheval. Tu mettras ta femme sur le pied de la meilleure vivandière. Ton fils aura demi-paie, mais souviens-toi des conditions. — Je ne les oublierai pas. »

Deux ans après, l'empereur reconnut cette vivandière dans sa voiture. — « Hé bien ! la jeune femme, ton mari te bat-il toujours? — Jamais, Sire, jamais. Depuis que j'ai eu le bonheur de rencontrer Votre Majesté, je suis la plus heureuse des femmes. — Continue aussi à être la plus sage des épouses. »

Madame Rémusat, dont le mari était grand-maître de la garde-robe, réunissait à beaucoup d'esprit toutes les vertus de son sexe ; aussi Napoléon en faisait-il le plus grand cas. Elle était la providence des solliciteurs, mais elle ne s'employait jamais que pour des personnes dont elle pût répondre. Un jour elle vint trouver l'empereur avec deux jolis petits enfans sur les bras. « Sire, je viens vous implorer en faveur de ces deux innocens. Ce sont les fils d'un de vos sous-lieutenans mort au champ d'honneur. Sa veuve n'a que trois cents francs de pension. — *Madame*, répondit l'empereur, *avec le bon droit, vos vertus, et ces deux aimables créatures, vous étiez sûre de ne pas solliciter en vain. Annoncez 1200 fr. de pension à leur mère.* »

———

Un jour de grande revue sur la place du Carrousel, Napoléon se portant au galop sur la droite, son chapeau vint à tomber. Un jeune élève de l'école polytechnique, qui se trouvait à portée, le remassa et le présenta à l'empereur. — Merci, *Capitaine*, lui dit Napoléon en riant. — *Dans quel régiment, Sire*, demande le jeune homme avec une présence d'esprit admirable. L'empereur étonné s'arrête, considère l'élève, et lui répond sur-le-champ : *Dans ma garde.* Rapp prit le nom du jeune homme, qui le lendemain reçut son brevet de capitaine. Mais n'ayant point encore fini ses études, il n'entra en activité que deux ans après, quoique son traitement de capitaine lui fût payé du jour de sa nomination.

———

Le fils du maréchal Masséna racontait dans un cercle que mademoiselle Avrillon, première femme de chambre de Joséphine, était si peu spirituelle, qu'un facteur d'instrumens à qui elle avait commandé un piano, venant à lui demander si elle le voulait en *fa* ou en *ut*, elle avait répondu : « *En acajou, s'il vous plaît, et pas autrement.* »

Ce propos fut rapporté à l'impératrice, en présence de Napoléon, qui regardait mademoiselle Avrillon comme une fille de beaucoup d'esprit et de mœurs irréprochables, et en cela il pensait juste. Il en parut piqué ; mais les choses en restèrent là. Quelque temps après, le prince Kourakin donna une fête où Napoléon et Joséphine assistèrent. Dans le courant de la soirée, le hasard voulut que le fils Masséna vint s'asseoir à côté d'une demoiselle qu'il ne connaissait pas ; c'était mademoiselle Avrillon, qui, de son côté, ne savait pas son nom. Bientôt ils lièrent conversation. L'empereur s'en aperçut, il ne dit rien, et les laissa jaser à leur aise pendant au moins une demi-heure. L'impératrice ayant appelé mademoiselle Avrillon, Napoléon s'approche du fils Masséna, et lui demanda s'il connaissait

la personne avec laquelle il venait de causer.
— Non , Sire , mais c'est bien la demoiselle
la plus spirituelle que j'aie jamais connue.
— Hé bien , Monsieur , cette même personne
est celle qui , selon vous , disait à son facteur
de piano : « Je ne le veux ni en *fa* ni en *ut*,
mais bien en acajou, et pas autrement, c'est
mademoiselle Avrillon. — Ah , Sire , je tenais
l'anecdote d'un de mes amis , qui probablement m'a ménagé cette mystification ; mais
je saurai demain ce qu'il en est. — Non,
Monsieur, je vous le défends, par égard pour
mademoiselle Avrillon , qui n'a jamais eu connaissance du propos. Méfiez-vous seulement
une autre fois des conteurs d'anecdotes. »

Cette bataille, ou, comme d'autres l'ont
nommée, cette boucherie d'Eylau , fut terrible, à un tel point que les corps français,
cavalerie et infanterie , étaient pêle mêle les
uns parmi les autres. Il fallut quatre jours
pour que chacun rentrât dans son régiment.
Cet état de choses n'avait point échappé à
l'empereur. Aussi dit-il : « *Si les Russes*
m'eussent attaqué le lendemain, nous étions

perdus. Mais ils n'ont pas de ces inspirations-là. » Napoléon seul pouvait s'exprimer ainsi.

———

Fournier-Sarlovese, colonel du 12ᵉ de hussards, était d'une intrépidité rare, et le meilleur pistolet de l'armée. Il vint à Paris à l'époque où Napoléon fut nommé premier consul. Se trouvant en société d'officiers assez mal disposés envers l'ancien général en chef de l'armée d'Italie, l'un d'entre eux dit que Napoléon jouait à se faire assassiner. « Ce n'est pas aussi facile qu'on le pense, répond un autre, on ne l'approche pas. « Le colonel Fournier, qui était en pointe de vin, eut l'imprudence de dire qu'il parierait tuer le premier consul d'un coup de pistolet à cinquante pas. La vérité est, que galant homme et guerrier plein d'honneur, il n'eut jamais la pensée d'un tel crime; mais, comme nous l'avons dit, il avait la tête échauffée, et avec cela il s'agissait de son adresse au pistolet. Quoi qu'il en soit, Fouché qui, à cette époque, avait des mouches partout, fut instruit du propos qu'avait tenu le colonel. Il fut arrêté au sortir de l'opéra, et peu de jours après exilé en Bretagne, son pays. Remis en activité l'année d'ensuite, il se trouvait plus tard à la bataille d'Eylau. L'empereur qui l'aperçut comme il entrait en ligne, lui adressa ces paroles mémorables : « *Colonel, c'est un baptême de sang qu'il vous faut aujourd'hui.* » L'intrépide colonel, digne de sentir toute l'énergie de cette apostrophe, fit des prodiges de valeur qui lui valurent le grade de général de brigade.

Dans une visite que l'empereur fit à Ermenonville, arrivé à l'île des peupliers, il s'arrêta devant le tombeau de J.-J. Rousseau, et dit : « Il aurait mieux valu pour le repos de la France que cet homme-là n'eût jamais existé. » — Pourquoi cela, lui demanda M. Girardin ? — C'est lui qui a préparé la révolution. — Je crois, repartit M. Girardin avec une noble hardiesse, que ce n'est pas vous, Sire, à vous plaindre de la révolution. — Hé bien, l'avenir apprendra s'il n'eût pas mieux valu, pour le repos de la terre, que ni Rousseau ni moi, nous n'eussions jamais existé. » Il n'appartenait qu'à Napoléon de faire un pareil aveu.

Cambacérès dit un jour à Bonaparte : « J'ai fait hier la connaissance d'un espagnol, homme de mérite. Il se nomme Llorente (1), et n'a aucun des préjugés de sa nation. Il joint à beaucoup d'érudition une étude approfondie de notre langue. Nous avons long-temps causé ensemble. Nous en sommes venus à parler de Don Carlos, fils de Philippe II, que je plaignais comme victime de la sombre jalousie de son père. — Monseigneur, me dit M. Llorente, gardez-vous de plaindre Don Carlos ; c'était un monstre. — C'est, lui répondis-je, ce qui n'est pas bien prouvé. — Que trop, Monseigneur. J'ai eu l'occasion de voir chez des moines à Placencia, un livre aujourd'hui fort rare. C'était les mémoires secrets de la Cour de Philippe II. On y trouve des traits de barbarie de Don Carlos, dont le récit seul fait frémir ; entre autres deux

____

(1) C'est le même qui, en 1822 ou 1823, publia à Paris une histoire en français sur l'inquisition ; ce qui lui valut d'être persécuté par M. Franchet, directeur de la police, qui l'obligea à quitter la France.

dont j'ai pris note. J'ai fait aussi de longues et nombreuses recherches pour m'assurer de l'authenticité de ces mémoires, que je n'ai malheureusement trouvés que trop véridiques. » — Je témoignai à M. Llorente le désir de connaître quels étaient les deux délits imputés à Don Carlos. L'obligeant Espagnol m'en a fait remettre ce matin la traduction en français. — « Vous nous montrerez cela, dit l'empereur à l'archi-chancelier. » Le soir même, Napoléon se les fit lire chez Marie-Louise. Les voici, ces deux traits de cruauté réfléchie.

« Dès sa plus grande jeunesse, Don Carlos, fils de Philippe II, roi d'Espagne, aima passionnément la chasse. Le roi le surprit un jour comme il regardait avec plaisir palpiter une perdrix qu'il venait d'abattre. Il en fut d'abord indigné ; mais ce fut bien autre chose, quand il le vit enfoncer son doigt dans le trou qu'avait fait le plomb, afin d'augmenter les souffrances de ce pauvre petit animal. Il devint furieux, et fit à Don Carlos les plus sanglans reproches. La chasse lui fut momentanément interdite ; et quelques-uns de ceux qui l'approchaient furent sévèrement réprimandés. »

Une autre fois Don Carlos, alors âgé de dix ans, était à s'amuser avec des enfans de son âge. L'un d'eux eut le malheur de lui déplaire dans le jeu. Le prince exigea qu'on le pendît tout de suite et en sa présence. En vain lui fit-on des représentations. Vainement on le supplia de pardonner au malheureux enfant. Don Carlos voulut être obéi. Le jeune garçon fut pendu avec la corde d'une jalousie. Cet infortuné fit très peu de mouvement, et mourut presqu'aussitôt. Aussi son féroce assassin témoigna-t-il hautement ses regrets de ce que *cela ne durait pas plus long-temps*. Ce crime atroce se commit dans une maison royale où la cour n'était point alors. Le roi n'en fut informé que quelque temps après. Il vit dans cette férocité précoce ce que son fils pourrait être un jour, et ce que lui-même en aurait à craindre. Cette idée funeste ne le quitta plus, et fit le malheur d'une partie de sa vie. »

Quelques jours après, Cambacérès demanda à l'empereur ce qu'il pensait des deux anecdotes de M. Llorente. — Don Carlos, lui répondit-il, était un monstre à étouffer. Fut-il vrai que son père le fit condamner, il ne le sacrifia pas uniquement à son intérêt personnel. Ce fut la cause de l'humanité qu'il prit en main. Il préserva son peuple de la domination d'un prince le plus cruel peut-être qui jamais eût régné sur les Espagnols. *Philippe II n'eut-il fait que cette bonne action, il mérite que la postérité lui en tienne compte. Il est toujours bon d'encourager les princes à bien faire.* »

Napoléon aimait la louange ; il était même dans sa politique de sourire à tous les éloges. Il avait besoin des adulations d'un peuple qu'il voulait assouplir à son ambition. Cependant il ne tint jamais compte d'un encens grossier et d'un éloge qui portât à faux. Il reçut souvent fort mal ceux qui lui donnèrent par trop fort de l'encensoir par le nez. En voici un exemple dont le héros est encore plein de vie.

M. Denon, directeur de son cabinet des médailles, vint un jour lui en présenter une, ayant d'un côté la tête de Napoléon, et de l'autre un aigle tenant un léopard. — Qu'est-ce à dire, Monsieur ? — Sire, c'est un aigle français étouffant dans ses serres le léopard anglais, principal attribut des armoiries de cette nation. — *Vil flatteur, comment osez-vous dire que l'aigle français étouffe le léopard anglais! Je ne puis mettre à la mer un seul petit bateau pêcheur, que les Anglais ne s'en emparent. Faites fondre de suite cette médaille, et ne m'en présentez jamais de pareilles.* »

Un jeune maçon fut beaucoup plus heureux à Fontainebleau, et méritait vraiment l'accueil distingué que lui fit Napoléon. Voici comment.

L'empereur faisait restaurer le palais qui, par parenthèse, en avait grand besoin. Il y avait là de 1,500 à 2,000 ouvriers de tous états. On apprit un beau matin que l'empereur viendrait dans la journée visiter les travaux. Tout le monde alors de s'assembler et de convenir qu'un bouquet serait présenté à l'empereur par une députation d'un membre de chaque corps de métier. — Un bouquet, non, dit un jeune appareilleur, une simple violette sera plus de son goût. — Accordé une violette, s'écrie-t-on, et que celui qui a fait la proposition fasse aussi la harangue. Notre jeune maçon hésite un moment, et finit par

accepter la commission. Chacun s'endiman-
che, et l'orateur improvisé va préparer son
discours. L'empereur instruit de ces prépa-
ratifs, aurait bien voulu se soustraire à cette
corvée; mais il y avait là deux mille gaillards
ayant tous bon pied, bon œil, il eût été impolitique de les mécontenter. A quatre heures
il se rend au château, suivi de l'architecte et
des officiers de sa maison. La députation le
reçoit à la première grille. Le jeune orateur
lui présente une violette et lui dit : « Sire,
votre majesté restaure les empires et les palais; mais alors que les palais et les empires
s'écrouleront sous la main du temps pour faire
place à d'autres, le nom de votre majesté
surnagera sur le goufre des âges. Regardez,
Sire, ces deux mille jeunes gens, tous sont
dans la force de l'âge, pleins de vigueur et
de santé; hé bien ! Sire, ils m'ont chargé de
vous dire que leur jeunesse, leur force, leur
courage et leur sang sont au service de votre
majesté. » — Et toi, répondit l'empereur
charmé, va leur dire qu'ils sont tous mes
enfans, et que de tous les harangueurs que
j'ai entendus, tu es celui qui m'a fait le plus
de plaisir. Tu n'as pas encore servi ? — Sire,

c'est mon tour l'année prochaine. Duroc, prenez son nom. Entends-tu, jeune homme, tu écriras au grand-maréchal du palais, si le sort te désigne. » L'empereur fit distribuer une forte somme d'argent aux ouvriers, pour qui ce jour fut une véritable fête.

Tout le temps que l'empereur fit sa résidence au château impérial de Schœbrunn, il assistait le plus souvent à la parade qui avait lieu tous les jours. Il arriva qu'un jeune homme, quittant les rangs des spectateurs, s'avança vers l'empereur comme pour lui parler. Le général Rapp, qui le prit pour un solliciteur importun, l'arrêta tout court, et le fit rentrer dans la foule. Il en sortit une seconde fois, et courut droit à Napoléon. Un officier de gendarmerie s'opposant à son passage, l'obligea de se replacer au rang des spectateurs. Une troisième fois enfin, il essaie d'arriver jusqu'à l'empereur; le même officier de gendarmerie, colère de l'opiniâtreté de ce jeune homme, le saisit au collet pour le repousser. Ce fut alors qu'il sentit comme un corps dur dans sa poche de côté; il y mit la main, et trouva que c'était un énorme couteau de cuisine fraîchement effilé. Les gendarmes le conduisirent alors à M. Savary, qui l'interrogea. Il répondit avec calme qu'il était fils d'un ministre protestant d'Erfurt ; qu'il avait formé le projet de tuer l'empereur, parce qu'on lui avait dit que les autres souverains ne feraient jamais la paix avec lui. J'ai voulu le tuer, ajouta-t-il, pour qu'on eût la paix.

L'empereur, à qui le général Rapp parla le premier de cet événement, n'en voulait rien croire ; mais quand on lui montra le couteau, il dit en riant : « Il paraît qu'il y a quelque chose, amenez moi ce jeune homme ; je veux le voir. » De tout loin qu'il le vit arriver, il fut saisi d'un mouvement de pitié, et se prit à dire : *« Ho ! Ho ! c'est impossible, mais ce n'est qu'un enfant. »* Il avait en effet à peine 18 ans, et sa figure aurait très-bien convenu à une jeune femme.

— « Me connaissez-vous, lui demanda l'empereur ?

— Oui, Sire, répondit-il avec fermeté.

— Où m'avez-vous vu ?

— A Erfurt, Sire, l'automne dernier.

— Pourquoi vouliez-vous me tuer ?

15*

— Parce que le génie de votre majesté est trop supérieur à celui de vos ennemis, et qu'il vous a rendu le fléau de notre patrie.

— Mais ce n'est pas moi qui ai commencé la guerre. Pourquoi ne pas tuer l'agresseur? cela eût été plus juste.

— Oh! Sire, c'est vrai. Ce n'est pas vous qui avez commencé la guerre; mais comme votre majesté est toujours plus forte et plus heureuse que tous les autres souverains ensemble, il est plus aisé de vous tuer que vos nombreux ennemis, qui ne sont pas aussi à craindre que vous, parce qu'ils n'ont pas tant de génie.

— Comment auriez-vous fait pour me tuer?

— Je voulais vous demander si nous aurions bientôt la paix; et si vous n'aviez pas répondu suivant mes désirs, je vous aurais plongé mon couteau dans le cœur.

— Mais les militaires qui m'entourent vous auraient arrêté avant que vous eussiez pu me frapper, et ils vous auraient mis en pièces.

— J'étais décidé à ne point compter les dangers. Je ne craignais pas de mourir.

— Si je vous faisais mettre en liberté, re-

tourneriez-vous chez vos parens? Abandon-
neriez-vous votre projet?

— Oui, Sire, si nous avions la paix ; mais
si nous avions toujours la guerre, j'exécute-
rais mon dessein. »

L'empereur fit alors appeler le docteur
Corvisart, auquel il ordonna de tâter le pouls
de ce jeune homme, et de lui dire comment
il le trouvait. Le docteur répondit que le pouls
était un peu agité, mais que l'homme se portait fort bien. — Hé bien ! ajouta l'empereur,
cet étourdi vient pourtant de cent lieues pour
me tuer.

On conduisit le jeune homme à Vienne,
où l'autorité chargée de remettre la ville aux
Autrichiens, le fit exécuter. L'empereur était
parti sans avoir donné d'ordre à cet égard.

Une des femmes de l'impératrice Joséphine
prit sur elle de dire à Napoléon que sa maîtresse avait passé une nuit affreuse, et qu'elle
avait même eu des accès de délire. — Que
dites-vous là, répondit l'empereur? j'étais
hier à la Malmaison et je l'ai trouvée rayon-
nante de santé. —Sire, gardez-moi le secret,

mais l'impératrice s'est trouvée dans cet état à la suite d'une conversation qu'elle a eue avec votre frère Lucien, sitôt après votre départ. — Ce maudit homme aura encore fait des siennes. Cessera-t-il de me tourmenter ! Madame, vous est-il parvenu quelque chose de ce qui s'est passé entre eux. — Non, Sire. — En ce cas, ne dites point que vous m'avez vu, je vais passer chez l'impératrice. — Oh ! dès qu'elle a su que votre majesté arrivait, elle s'est aussitôt remise, et sa toilette, qu'elle a soignée plus que de coutume, vous déguisera l'état de son âme. — Je saurai bien lui arracher la vérité. L'empereur passa chez Joséphine et l'embrassa. « Qu'avez-vous donc, mon amie, lui dit-il, vous êtes brûlante, et votre haleine a quelque chose de maladif. — Je me suis trouvée prise hier soir d'une migraine qui ne m'a pas laissé sommeiller de la nuit, répondit Joséphine ; mais la présence de votre majesté dissipera tout cela. — Mais plus je vous regarde, plus je trouve vos traits altérés. Vous avez des larmes dans les yeux. Allons, il y a quelqu'anguille sous roche. Vous sentez-vous en état de descendre au jardin, nous causerons ? » Joséphine se sou-

tenait à peine, tant était grande son agitation.
Elle voyait bien que son secret n'était plus à
elle, et qu'à tout prix l'empereur voudrait
savoir la vérité. Elle prit son bras, et tous
deux s'enfoncèrent dans une allée du jardin
où il fut défendu à qui que ce fût de les suivre. Parvenus à un cabinet de charmille, ils
y entrèrent et s'assirent sur un banc de ga-
zon. — Vous tremblez, mon amie; de quoi
s'agit-il donc? tout ceci finit par m'inquiéter;
terminez-en, de grâce, vous savez que je
n'aime pas les scènes. — Promettez-moi, Sire,
de n'en point vouloir à la personne que mes
aveux vont compromettre. — Je ne promets
rien, Madame; vous êtes souveraine, et je
saurai en faire souvenir quiconque aurait osé
l'oublier. A l'air dont il prononça ces dernières paroles, l'impératrice vit bien que le
seul parti qu'elle eût à prendre était de lui
avouer tout. Sire, lui dit-elle, à peine étiez-
vous hier sorti de chez moi, que votre frère
Lucien se fit annoncer. Je lui parlai du
voyage que je me propose de faire à Plom-
bières. Après quelques momens de réflexion,
il me dit : Tant mieux, Madame, tant mieux.
J'aime à croire que vous profiterez de la li-

berté qui règne aux eaux. — De quelle liberté parlez-vous, Monsieur ? expliquez-vous,
je vous prie. — Hé bien ! Madame, celle d'y
faire un amant et un enfant, puisque mon
frère ne peut pas vous en faire. » Votre majesté me connaît assez pour croire que l'excès
de ma surprise fut égal à mon indignation.
J'accablai votre frère des plus sanglans reproches. « Je savais bien , lui dis-je, que
vous ne m'aimez pas , mais j'ignorais que
vous me méprisez. — Je ne vous méprise
point, a-t-il répondu ; mais si vous ne voulez
pas qu'un autre vous fasse un enfant, et que
vous ne puissiez point en avoir avec mon
frère , il lui en faut un à lui, et d'une autre
femme, si besoin est, et vous l'adopterez,
car il n'est rien qu'il ne faille faire pour as
surer l'hérédité dans la famille. Il y va au surplus du repos de la France et de votre intérêt personnel , Madame. — Quoi, Monsieur,
lui répliquai-je, vous croyez que la nation
souffrira qu'un bâtard la gouverne ? Lucien ,
vous voulez perdre votre frère ; et je suis
bien malheureuse, moi, si vous me soup-
çonnez seulement capable d'écouter sans
horreur votre infâme proposition. — Hé bien !

m'a-t-il dit, en se retirant, que puis je faire à cela, sinon que je vous plains bien de ne pas faire d'enfant avec votre mari, et de ne vouloir pas qu'un autre vous en fasse. » Voilà Sire, dans sa plus stricte vérité, ce qui depuis hier m'a mise dans un état à faire pitié. Joséphine s'attendait à voir Napoléon jeter feu et flamme. Quelle fut sa surprise de lui voir un air presque riant, et de l'entendre dire : « Ce n'est que cela, ma chère ; eh bien ! vous avez eu tort de vous affecter aussi vivement. Ne voyez-vous pas que Lucien est un fou qui jetterait tout par les fenêtres pour voir le trône assuré dans sa famille. » Joséphine qui raconta cette anecdote au château de Navarre, ajouta : « Si j'eusse été plus clairvoyante, j'aurais facilement vu dans le calme de l'empereur qu'il n'était pas fâché que son frère m'eût fait savoir qu'à tout prix il fallait que le souverain des Français eût un enfant. »

Cette scène eut lieu cinq semaines seulement avant le divorce.

Si les héros n'avaient leurs petitesses comme le vulgaire des hommes, on serait tenté d'en vouloir à Dieu pour l'extrême disproportion qu'il a mise entre telle et telle de ses créatures.

Napoléon avait par fois des momens infiniment au-dessous de son grand caractère.

Il se rendait un jour dans l'appartement de l'impératrice, où fort souvent il entrait à l'heure qu'il y était le moins attendu. En passant dans un petit salon, il aperçoit une femme seule qu'il ne connaît pas. Il lui demande son nom. — « Je m'appelle Despeaux. — Que faites-vous ici ? — Je suis marchande de modes. » Ne voilà-t-il pas qu'à ce mot de marchande de modes, il s'imagine que cette dame est un agent d'intrigues amoureuses. Furieux, il sort du salon et rentre dans ses appartemens. Il frappe à coups précipités à la porte du salon de service. — « Duroc, Duroc est-il là ? — Non, Sire. — Qu'on aille le chercher. » Un moment après, il frappe de nouveau pour savoir si Duroc est arrivé. — Pas encore. — Savary est-il là ? — Oui, Sire. — Qu'il entre... Une femme s'est introduite chez l'impératrice. C'est une dame Despeaux, qui se dit marchande de modes. Cela ne sent rien de bon. Elle doit être dans la pièce où se tiennent les dames d'annonce. Allez, mon cher Savary, allez la faire arrêter. Qu'elle soit conduite à Bicêtre. Savary part pour exécuter l'ordre du maître. Duroc arrive chez l'empereur, qui lui répète l'ordre qu'il vient de donner à Savary. Duroc lui dit que la dame Despeaux est la modiste de l'impératrice. Napoléon n'écoute rien. Duroc court au-devant de Savary, et l'engage à laisser échapper la dame Despeaux. Savary s'excuse sur ce qu'il craint de se compromettre. Duroc le quitte en lui lançant un regard expressif. Deux gendarmes s'emparent de mademoiselle Despeaux. L'intrépide Duroc retourne vers l'empereur, justifie complètement la marchande de modes, et l'ordre de la conduire à Bicêtre est aussitôt révoqué.

« Ainsi que toute autre chose, disait Napoléon, la vertu a des bornes. Quiconque affecte de les dépasser, est le plus souvent un hypocrite. » Quelqu'un lui recommandait avec chaleur M. Girault, curé de Corvol, près Clamecy en Bourgogne. « C'est un homme, lui disait-on, d'une piété rigide, et digne d'exercer dans la capitale. La rigidité de ses mœurs est telle, qu'il ne voulut point se servir d'une selle qu'une dame avait montée, à moins que le sellier Perrin n'y mît de nouvelles bourres et ne la recouvrit à neuf. — *C'est là*, répondit Napoléon, *son genre de piété? Hé bien! qu'il reste dans son village, il se pervertirait à Paris.* »

Si l'empereur n'avait été presque sûr d'être reconnu, il est peu d'ateliers dans Paris qu'il n'eût visité incognito. Il avait un goût particulier pour ce genre de distraction. C'est un grand moyen, disait-il, de saisir la vérité sur le fait. Un jour qu'il était avec Duroc à regarder aux Tuileries des ouvriers doreurs, il remarqua qu'ils laissaient envoler beaucoup d'or. — « C'est si léger, lui dit le maréchal du palais, qu'ils ne peuvent le retenir. Croiriez-vous, Sire, que l'or préparé au laminoir, et battu ensuite dans un livret de baudruche, peut être réduit en feuilles si minces, qu'il en faut plus de mille pour faire l'épaisseur d'une feuille de papier ordinaire? — Vous voulez rire, Duroc, ou c'est un conte que l'on vous a fait? — Je proteste à votre majesté que rien n'est plus vrai. — Mais regardez donc, mon cher, ce que c'est que l'épaisseur d'une feuille de papier, et dites-moi s'il est possible de la diviser mille fois? — Sire, cela se fait. — Hé bien, Monsieur l'entêté, nous verrons cela cet après-midi. Préparez-vous à sortir. L'habit bourgeois, un chapeau rond, et un cabriolet que nous conduirons nous-mêmes. » En effet, l'empereur et le grand-maréchal, vêtus le plus simplement du monde, montèrent dans un cabriolet sans armoiries, et derrière lequel était un valet. Les voilà rue Saint-Martin, chez un des plus considérables batteurs d'or de Paris. Napoléon se donne pour un italien curieux de connaître par quels procédés on parvient à réduire l'or à une aussi mince épaisseur. Le maître de l'établissement, persuadé qu'il a affaire à deux personnes de qualité, leur explique les divers procédés de sa profession. — « Est-il vrai, lui dit l'empereur, que vous pouvez faire que mille feuilles d'or ne forment que l'épaisseur d'une feuille de papier ordinaire? — Oui, Monsieur. — Je vous avouerai franchement, reprit l'empereur, qu'il faudrait que je le visse pour le croire. — A cela ne tienne, Monsieur. » Et voilà bientôt que mille feuilles

d'or réunies et pressées dans un livret, prou-
vent à Napoléon que le maréchal du palais
lui avait dit la vérité. Ils allaient se retirer,
lorsqu'une jeune ouvrière, levant tout-à-coup
les yeux, reconnut l'empereur, et s'écria :
« *Ah! mon Dieu!* » Napoléon, se mettant
aussitôt un doigt sur la bouche, lui fait signe
des yeux de ne rien dire. La jeune fille le
comprit à merveille, et lorsque son maître
lui demanda ce que signifiait un tel cri, elle
répondit de l'air le plus naturel du monde :
« C'est que monsieur ressemble tellement à
l'un de mes frères mort à Marengo, que j'ai
réellement cru que c'était lui. » Napoléon,
tout à la fois charmé et surpris d'une telle
présence d'esprit, remit au lendemain à lui
en tenir compte. Après avoir laissé des marques de sa générosité aux ouvriers, et fait
force compliment au maître du logis, il reu-
tra aux Tuileries. — « Duroc, dit-il au maréchal du palais, faites prendre l'adresse de
cette jeune fille, sa présence d'esprit m'a
sauvé une de ces scènes que je n'aime pas.
Donnez-lui dix Napoléons. » Elle se nommait
Sophie Buguet, et demeurait rue des Lavan-
dières-Sainte-Opportune.

Loin de nous la pensée de vouloir porter
atteinte aux vertus du feu pape ; toujours est-
il vrai qu'il était d'une roideur de caractère
et d'un entêtement sans exemple. Il n'était
encore qu'évêque, qu'il avait cette réputation
dans le sacré collége. Voici comme M. Otto en
citait un exemple :

« Pie VI, disait-il, aimait le monde. Il ne
voulait point entendre parler d'affaires après
dîner. Un jour on lui annonce un évêque de
la banlieue de Rome, qui demande à l'entretenir. — « Pourquoi, dit le pape à ses gens,
n'avez-vous pas su m'éviter la visite de ce
prélat. Je le connais ; c'est bien le mortel le
plus difficultueux, le plus processif, le plus
opiniâtre qui soit sous le ciel. Il n'est maintenant plus possible de le renvoyer ; faites-le
entrer. » C'était en effet pour son fisc que cet
évêque venait réclamer. C'eût été à n'en pas
finir ; mais pour avoir le repos, on lui accorda
tout ce qu'il demandait. Comme il sortait du
salon, Pie VI dit aux cardinaux qui étaient
présens : « *Messieurs, si jamais celui-ci parvient à la tête de l'église, on verra de belles*

choses. » Cet évêque était celui qui, sous le nom de Pie VII, vint en France sacrer Napoléon. Ce dernier qui, depuis sa campagne d'Italie, avait deviné le caractère inflexible de Pie VII, dit au duc de Plaisance, Lebrun, qu'il consultait volontiers en ce qui concernait le Saint-Siége : « Ce prêtre-là est têtu en diable ; il veut me donner du fil à retordre, mais qu'il y regarde à deux fois ; quoique je n'en aie pas l'envie, je suis en mesure d'être le second tome de l'anglais Henri VIII. »

Ducis, quoique pauvre et âgé, refusa la place de sénateur avec un traitement de 36,000 fr. Un de ses amis lui demandant pourquoi il n'acceptait pas la toge sénatoriale, il répondit : « *Je ne pourrais jamais porter cette casaque-là.* » Des gens par trop officieux rapportèrent ce propos à l'empereur, qui ne dit que ces mots : « *C'est une impertinence; mais dires de poètes ne tirent pas à conséquence.* »

Dans une affaire qui eut lieu sur les bords du Danube, un hussard français reçut une balle qui l'étendit mort aux pieds de son cheval qui, croyant probablement qu'il dormait, resta près de lui. Des soldats s'en approchèrent et voulurent s'en emparer ; mais l'animal furieux les eut bientôt écartés à coups de pieds. Un d'eux qu'il blessa allait sans doute lui faire un mauvais parti avec ses armes, lorsque l'empereur vint à passer. Instruit de la résistance qu'opposait le cheval, et de l'attachement qu'il semblait porter à son maître, il enjoignit aux soldats de le laisser tranquille. Non loin de là était un poste français, commandé par un sergent qu'il chargea de faire surveiller cet animal, et de rendre compte à l'état-major de ce qu'il deviendrait. Le lendemain le major-général remit à l'empereur le rapport suivant du chef de poste.

« Le cheval a passé la nuit auprès de son maître. Au lever du soleil nous l'avons vu faire, à diverses reprises, le tour du cadavre, et le flairer de la tête aux pieds. Il est probable qu'alors il eut la conviction que son maître avait cessé de vivre. Faisant tout-à-coup retentir la plaine de douloureux hennissemens , il prend sa course vers le Danube, s'y précipite et se noie.

GILLET , chef de poste. »

« Hé bien ! dit Napoléon frappé de cet étrange événement, que les gens à système viennent maintenant nous dire que les animaux ne sont que des machines dépourvues d'idées et de sentimens. Suivant moi, si ce cheval était une machine privée d'idées et de sentiment, il faut avouer que cette machine est admirable, et son étonnante structure donne la plus haute idée du céleste ouvrier. »

Voilà pourtant l'homme que ses ennemis accusèrent d'athéisme !

Le jour de la malheureuse bataille d'Esling, où, comme disait Fouché, l'étoile de Napoléon commença pour la première fois à baisser, l'empereur, vivement affecté de la mort du maréchal Lannes, se promenait sur le soir, triste et silencieux, au milieu de soldats de toutes armes qui s'entassaient dans l'île de Lobeau. Un vieux fantassin qui avait reçu un léger coup de sabre, étant aussi un peu en pointe, lui dit : « Sire, votre majesté est bien triste aujourd'hui. Hé bon Dieu ! ne voilà t-il pas la mer à boire que de passer ce Danube ! Hé bien ! si ce n'est pas aujourd'hui, ce sera demain ; et pour cette égratignure qu'ils m'ont faite, je veux nom d'un D... leur rendre trente coups de baïonnette. » Duroc qui craignait que dans la disposition d'esprit où était l'empereur, il ne prit fort mal la hardiesse du soldat, voulut le faire retirer. « Pourquoi cela, dit l'empereur ? » Et se tournant vers le fantassin : Oui, mon brave, nous ferons demain ce que nous n'avons pas fait aujourd'hui. Mais dis-moi, tu es un ancien, et tu n'es pas gradé. — Ah ! Sire, je suis un misérable ; j'étais sergent, je me suis fait casser à Mayence pour une *poupée* qui n'en valait pas la peine. — Tu regrettes donc bien tes galons ? — Oui, Sire, c'était une petite conquête que j'espérais bien augmenter. Console-toi, je te fais sergent ; rentre à ta compagnie, j'enverrai mes ordres à ton colonel. Vous le voyez, dit-il ensuite à Duroc, le soldat n'est pas découragé. C'est bon à savoir. Il fit à l'instant même appeler le général Bertrand, et lui dit : « Je crois que vous manquez de beaucoup de choses :

cependant il faut, à quelque prix que ce soit, jeter un pont sur le fleuve. » Bertrand salue, ne répond rien, et part au galop. Duroc, étonné de ce silence, en fait l'observation à l'empereur, qui lui dit : *« Il me répondra sur le pont.* » En effet, ce pont fut en moins de rien construit comme par enchantement.

Lorsqu'il prit fantaisie à l'abbé Maury de prendre un rôle dans le drame de l'empire, il fit habilement sonder l'empereur par une dame qui l'approchait souvent. — *« Mais votre abbé Maury,* lui dit Napoléon, *est un ultramontain décidé, et je veux moi que prêtre et soldat soit ici français avant tout.* — Ecoutez, Sire, je connais Maury comme si je l'avais fait; il n'avait que sa souquenille et son rabat aux états-généraux. Il a deviné l'occasion, il l'a saisie, et s'est fait donner un chapeau. Il est en Italie, où il s'ennuie. La cause des Bourbons est perdue, et la monarchie est refaite. Permettez qu'il vous écrive, et vous jugerez de ses sentimens. — *Soit, j'y consens, mais pas d'ultramontisme.* » Cette dame s'empressa d'informer le cardinal Maury de cette conversation. Ce fut alors qu'il écrivit cette fameuse lettre qui lui valut son rappel en France , une pension de 36,000 francs , et la faveur de Napoléon. Le cardinal fréquentait beaucoup alors M. Dubois, préfet de police et son intime ami. Ce dernier fut destitué par l'empereur , à l'occasion de l'incendie de la salle de bal chez le prince Schwartzenberg , où périt beaucoup plus de monde qu'on ne pense. A la nouvelle de cette destitution , le cardinal courut plaider la cause de son ami auprès de l'empereur, qui fut inflexible. — Sachez, M. le cardinal , que Paris c'est la France ; qu'un préfet de police est le magistrat *dont la surveillance doit être de jour et de nuit , de toutes les heures et de tous les instans. Il n'y avait pas l'ombre de police à ce bal , où elle eût été si nécessaire. Dubois savait que j'y serais avec l'impératrice , et il était à faire les beaux bras à sa maison de Vitry. C'est une horreur , ne m'en parlez plus.* » Au ton dont il prononça ces derniers mots, le cardinal vit bien qu'il n'y avait rien à faire. Aussi se retira-t-il sur-le-champ , mais vivement piqué du refus de Napoléon. Rancune de prêtre est tenace. Le cardinal se permit quelques propos inconvénans sur l'empereur, qui le sut, et n'en tint aucun compte. Cependant il ne le vit plus du même œil pour le moment. La lettre qui valut au cardinal son rappel en France avait indisposé contre lui tout le faubourg St-Germain, et principalement l'émigration; on le regardait comme un déserteur de la bonne cause, comme un homme sans principes fixes, qui ne courait qu'après des honneurs et des pensions; il était enfin perdu dans l'esprit de l'ancien régime. Un jour qu'il se trouvait chez une vicomtesse de beaucoup d'esprit et maligne en diable, il vit son portrait supérieurement gravé. « Rien ne pouvait être plus flatteur pour moi, Madame, lui dit-il, que de voir mon portrait chez vous. — N'oubliez pas, Monseigneur, lui répondit-elle, que je l'ai eu *avant la lettre.* » Le cardinal sentit l'épigramme et se retira. Ce bon mot vint aux oreilles de l'empereur, qui en rit beaucoup. Rencontrant à quelques jours de là cette même vicomtesse dans un cercle, il s'approcha d'elle, et lui dit avec beaucoup d'amabilité : « C'est donc vous, Madame, qui pincez les Eminences jusqu'au sang. Prenez-y garde, on vous excommuniera. — Mais, Sire, je ne pensais pas... — Vous ne pensiez pas... Ah ! la bonne pièce! C'est égal, votre mot est excellent ; j'en ai beaucoup ri. On le connaît à Rome, il a fait fortune.

***

L'empereur n'admettait l'impossibilité en rien. Quiconque employait ce moyen ou pour ne point entreprendre ou après avoir échoué, était sûr d'en être fort mal reçu. M. le comte Jaubert, directeur de la Banque et l'un des membres les plus génuflexibles du conseil d'état, en fit la plus rude épreuve.

Pendant la campagne de 1812, les fonds publics avaient considérablement baissé : l'inquiétude était générale, et pendant quelque temps on se porta en foule à la Banque pour y faire échanger des billets contre de l'argent. L'empereur, de retour à Paris, n'apprit pas sans indignation qu'un tel état de choses avait eu lieu. Il fait venir M. Jaubert : — Comment, lui dit-il avec fureur, avez-vous pu laisser se former des rassemblemens autour de la Banque? Mais, Sire, il aurait fallu avoir des sommes immenses, et il était impossible.... — Impossible.... en voilà encore

un avec ce mot détestable. Toutes les gana-
ches et les hommes nuls me le jettent à la
tête. Apprenez, Monsieur, que le mot impossible ne doit pas plus se trouver dans le dic-
tionnaire d'un homme d'état que dans celui
d'un administrateur. Retirez-vous. »

Dise le contraire qui voudra. Ce ne fut point
Napoléon qui provoqua la campagne de 1809
contre l'Autriche, à moins qu'on ne veuille
regarder comme une provocation ses projets
sur l'Espagne. Encore n'était-ce pas à François II à se lever contre lui. Ne devait-il pas
se souvenir qu'après avoir conquis son
royaume, il le lui avait généreusement rendu,
alors même que tous les petits princes d'Al-
magne le sollicitaient pour qu'il le démem-
brât. Toute la magnanimité de Napoléon se
trouve dans ce qu'il dit à Cambacérès au sujet
de cette nouvelle levée de boucliers autrichiens. « Il est dans ma destinée, M. l'Ar-
chichancelier, de faire des ingrats; mais
l'ingratitude ne me pèse qu'autant qu'elle est
de gens qui par leur position et leur caractère devraient être les moins entachés de ce

vice. J'avais une première fois conquis la presque totalité des états de mon frère l'empereur d'Autriche. Il vint me voir à mon bivouac. Il sentait son prince d'une lieue ; je le traitai en souverain. Je lui rendis ses états à des conditions telles que lui-même n'aurait pu les espérer. Vous voyez comme j'en suis récompensé. Il me croit embarrassé en Espagne, et voilà que tout-à-coup il me menace dans la personne de mes alliés. J'irai de nouveau en Allemagne, il en coûtera du sang; mais qu'il retombe sur Metternich et consorts, vendus au machiavélisme anglais. Ce Metternich fera bien du mal à l'Europe et à son maître qui, parfait honnête homme, est un pauvre prince. »

Lors de la disgrâce du prince de Bénévent, on parlait en présence de Bonaparte de l'immense fortune de ce rusé diplomate : « *Rien n'est moins surprenant que son opulence,* répondit l'empereur ; *Talleyrand vend tous ceux qui l'achètent.* » Napoléon qui en 1810 s'exprimait ainsi sur le compte de M. de Talleyrand, savait bien qu'il l'avait quelque peu acheté; mais il était loin de prévoir qu'en 1814, ce bon M. de Talleyrand le vendrait à son tour.

————————

Lors du divorce de Joséphine, l'empereur voulut savoir par lui-même l'effet que cette séparation faisait sur le prince Eugène. Il le fit appeler dans son cabinet, où se trouvait le grand-maréchal Duroc, qu'il ne voulut pas laisser sortir. Eugène était pâle et défait. Napoléon le fit asseoir à côté de lui. « Prince, lui dit-il, je vous ai servi de père, et je vous aimai toujours comme mon fils. Votre attachement à ma personne m'a prouvé que j'avais bien placé mes affections. Soyons de même désormais. Montrez-vous supérieur aux chagrins que je vous donne bien malgré moi. — Sire, vous m'avez fait ce que je suis; le souvenir de vos bienfaits me suivra dans la tombe. Mais pardonnez à des larmes que je ne puis refuser aux douleurs de ma mère. » Le prince pleurait en effet. C'était une scène déchirante : tout bronze qu'était Napoléon, il fut obligé de se lever pour cacher son émotion. Mais se remettant aussitôt, il se retourne, et voyant le prince en larmes, il lui dit : « Pleurez, prince, pleurez; ces larmes font l'éloge de votre cœur. J'ai bien pleuré, moi, pour en venir là. »

Sous le gouvernement impérial, M. Frayssinous, chanoine de Notre-Dame, et depuis ministre des affaires ecclésiastiques, obtint un canonicat. Tant qu'il ne prêcha que la parole de Dieu, il fut tranquille; mais lorsqu'il voulut mêler à ses sermons des matières politiques, Napoléon le fit mander à la police, où Fouché lui enjoignit de ne plus mêler à l'avenir des questions politiques à la parole de l'Evangile. M. Frayssinous eut peur, promit de ne plus pécher, et dès-lors on le vit prôner les vertus de Napoléon. Cependant, et comme par entraînement, il glissait toujours quelques bribes de politique dans ses conférences; on crut même y reconnaître certaines allusions assez piquantes. L'empereur déjà aigri par ses démêlés avec le Saint-Siége, crut qu'il serait prudent de tempérer le zèle de M. Frayssinous. Il fit aussitôt écrire à Fouché dans les termes suivans : « *Le prêtre*

1 7[*]

Frayssinous se mêle encore d'intercaler de la politique dans ses conférences. Faites-lui savoir qu'il ait à se reposer dans le sein de son chapitre, ma volonté bien prononcée étant que le prêtre s'occupe de l'autel, et non d'autre chose. » Communication faite de cet ordre à M. Frayssinous, il le tint pour dit.

———

Le comte Czernistchef, favori d'Alexandre, empereur de Russie, fut envoyé à Paris. Son air chevaleresque, un excellent ton, et des manières affables le firent rechercher de ce qu'il y avait de mieux à la cour. Ce n'était cependant qu'un noble espion. Il avait la mission secrète de séduire, à prix d'or, les commis et les employés des bureaux, afin d'en obtenir les états de nos armées, les contrôles, les plans des places fortes et les situations de nos magasins. Un simple expéditionnaire, Michel, paya de sa tête l'infidélité commise au profit du jeune russe, dont la police ne connut le crime que le lendemain de son départ. Napoléon, apprenant cette affaire, dit à M. Maret : « *Je savais bien que ce jeune homme était un reptile ; mais je ne pensais pas que ce fût une vipère.* » Mot heureux qui exprime que l'empereur n'avait vu dans le jeune comte qu'un lâche flatteur.

———

Peu de généraux ont possédé comme Napoléon le secret d'électriser leurs soldats un jour de bataille. L'éloquente simplicité de ses paroles ne manquait jamais son effet. La bataille de Friedland fut livrée le 14 juin 1806. Il était trois heures du matin lorsque le premier coup de canon se fit entendre. « *C'est un jour de bonheur*, s'écria l'empereur en passant sur la ligne; *enfans, c'est aujourd'hui l'anniversaire de Marengo!* » Le mot passa rapidement dans tous les rangs, et le soldat ne rêva plus que victoire.

———

Alexandre, averti que son médecin veut l'empoisonner, n'en prend pas moins la médecine qu'il lui présente. Certes, il y a dans cette action beaucoup de grandeur d'âme. Dans le trait suivant de Napoléon, s'il ne s'agit pas de la grandeur d'âme du monarque grec, on y trouve cependant une force de caractère bien peu commune. On y voit au moins jusqu'à quel point cet homme extraordinaire savait prendre de l'empire sur lui-même. Peu d'hommes ont poussé plus loin que Napoléon l'extrême répugnance pour tout ce qui n'était pas extrêmement propre, surtout dans le manger. Aussi, lorsque dans ses campagnes il se trouvait quelquefois logé chez de pauvres gens, il préférait un morceau de fromage ou des fruits, à un ragoût quelconque qu'il aurait soupçonné n'être pas arrangé proprement.

Dans un voyage qu'il fit à Cherbourg en 1811, après avoir inspecté le corps-de-garde et toute l'artillerie, il se fit apporter le pain de munition et la soupe des soldats. Il en prend une cuiller pleine, et la première chose qu'il aperçoit, c'est un grand cheveu. Il l'ôta lui-même, et mangea la soupe sans hésiter. En toute autre occasion, c'en eût été assez pour lui soulever le cœur et lui faire quitter la table. Mais il avait besoin de ne point affliger les soldats qui l'entouraient.

(199)

Napoléon avait un fonds de probité qui lui faisait rendre justice aux personnes contre lesquelles il avait été prévenu, même très-long-temps. Le jour de son abdication à Fontainebleau, il tint ce propos bien honorable pour le duc de Tarente, maréchal Macdonald. « *Macdonald*, dit-il, *est un brave et loyal guerrier. Ce n'est qu'au jour du malheur que j'ai été à même d'apprécier toute la noblesse de son caractère. Ses liaisons avec Moreau m'avaient donné de fortes préventions. Je lui faisais injure ; et si j'ai quelques regrets, celui de ne l'avoir pas mieux connu n'en est pas un des moindres.* » De semblables expressions dans la bouche d'un homme tel que Napoléon, sont pour M. le duc de Tarente un véritable passeport à l'estime de la postérité.

Lorsque Napoléon était à l'île d'Elbe, il apprit qu'un de ses officiers avait dit : « Napoléon, premier consul, aurait bien mieux fait d'accepter les offres que lui fit faire Louis XVIII, de le nommer grand-connétable, et de lui ériger une statue qui attesterait à nos neveux et sa gloire et la reconnais-

sance des Bourbons. » L'empereur , instruit
de cette circonstance, fit venir l'officier, et lui
demanda s'il était vrai qu'il eût tenu ce propos. » Oui , lui dit franchement l'officier. —
Allez , répondit l'empereur, vous êtes un *bon
homme*. Ils m'eussent fait élever une statue !
oui, mais ils m'auraient fait une prison du
piédestal. » Il avait, dit-on, fait la même observation à M. de la Fayette.

———

Napoléon est encore à juger, a dit l'immor-
tel orateur que la France a perdu , le général
Foy. Quiconque a lu tout ce qui a été écrit
sur cet homme extraordinaire, depuis l'histoire
de Napoléon par M. de Norvins , jusqu'aux
libelles des Walter-Scott et des Gallais , répé-
tera avec l'orateur précité : Oui, Napoléon
est encore à juger.

Pourquoi les portraits qu'on a faits de lui
ressemblent ils si peu à lui-même ? C'est que
ceux qui se sont hasardés à le peindre d'après
ses actions ont manqué ou de courage ou d'esprit pour nous instruire des motifs qui l'ont
fait agir. Il y a plus , c'est qu'il doit à la plupart de ses conseillers, ainsi qu'à ses nombreux

adulateurs , plus de la moitié des fautes qu'on lui reproche aujourd'hui. En voici une preuve qu'un jour l'histoire enregistrera , et qui devrait déjà l'être , parce que le fait est vrai , très-vrai , quoi qu'en oserait dire la personne qui s'y trouve nommée.

» En 1813 , des conférences eurent lieu à Prague , où devait se conclure une paix générale. Ces conférences, où les parties ne furent point d'accord, furent suivies de celles qui eurent lieu à Dresde. Un propos inconsidéré en détruisit les résultats. On était convenu de tout ; les préliminaires étaient rédigés , et Napoléon se préparait à les signer, quand un mot du duc de Bassano changea tout-à-coup ses dispositions. *Sire* , lui dit-il en lui présentant la plume qui allait assurer le repos de l'Europe , *on ne dira pas cette fois-ci que vous donnez la paix, mais que vous la recevez.* Nous aimons à croire que le duc était sans motifs pour désirer la continuation de la guerre. Nous pensons, au contraire, que ces paroles ne lui seraient point échappées, s'il eût un seul instant réfléchi sur les terribles conséquences qui pouvaient en résulter. Quoi qu'il en soit, l'empereur , frappé de ces

mots, crut voir en ce moment la gloire de
toute sa vie éclipsée, jeta la plume loin de lui
avec colère, et déclara qu'il ne signerait
rien.

Napoléon, sans doute, était opiniâtre. Sans
doute encore, se désistait il rarement d'un
projet qu'il avait une fois conçu. Nier tout
cela serait une absurdité. Hé bien! qu'est-ce
que cela prouve? sinon que Bonaparte avait
ce caractère d'opiniâtreté commun à tous les
grands hommes, et principalement aux grands
hommes de guerre; caractère dont le défaut
les classerait peut-être dans le vulgaire des
hommes. Ouvrez l'histoire, tout vous y prou-
vera que l'opiniâtreté est le caractère dis-
tinctif des grands hommes; alors même qu'ils
courent à leur perte, ils ne se rendent point à
de sages avis. Ephestion veut réprimer dans son
maître la passion des conquêtes, et n'y réussit
pas. Cinéas, sage conseiller d'un roi très-im-
prudent, essaie de l'arrêter dans ses courses,
et Pyrrhus continue à guerroyer. Amis et
conseillers de César le supplient de ne point
aller au sénat; il s'y rend une heure après.
Charles XII n'écoute point ses vieux généraux, et persiste à marcher contre le czar,

qui taille son armée en pièces. Qu'est-il arrivé de tout cela ? qu'Alexandre est mort mi-
sérablement en route ; que Pyrrhus a été tué
par une tuile qu'une vieille femme lui lança
du haut des toits au siége d'une bicoque ; que
César est poignardé en plein sénat ; et qu'enfin Charles XII reçoit le coup mortel sous les
murs qu'il veut escalader. Reste Napoléon qui,
non moins opiniâtre, et voulant toujours
pousser aux ennemis, finit par aller mourir
sur un rocher au milieu de l'Océan atlan-
tique.

Maintenant en quoi diffère-t-il des héros ses
prédécesseurs ? Plus grand qu'eux par ses
exploits, il est pour le moins aussi entêté,
aussi tenace dans ses desseins, et périt de
même. Qu'en conclure ? que tels sont con-
struits ces géans de la création, que tels ils
ont toujours été, et seront toujours ; qu'il ne
convient pas plus de faire des reproches au
vainqueur de Darius qu'au vainqueur de Marengo, à l'empereur français qu'à l'empereur
romain, au souverain vaincu sur les bords du
Pruth qu'au monarque défait à Waterloo. Si
de semblables rapprochemens eussent été
faits, nous n'eussions pas eu des portraits de

fantaisie, des jugemens à faire rire quand ils ne font pas pitié, que l'homme impartial méprise, et dont le temps finit toujours par faire justice.

Du jour qu'il ceignit le bandeau des rois, Napoléon fut despote et monarque absolu, au mépris des constitutions qu'il avait jurées. Cette accusation pèserait de tout son poids sur sa tête, s'il eût trouvé le roi de France sur le trône; mais lorsqu'il s'en empara, il ne détrôna que l'anarchie et des bourreaux.

Pense-t-on qu'il se crut aussi solide sur le trône que si c'eût été Louis XVIII? ce serait une erreur. Il n'était point homme à se dissimuler que les suffrages d'une partie d'un peuple en révolution, stimulé par des meneurs, étaient de moindres titres que ceux de l'héritier d'une longue suite de rois. Une fois monté sur le trône des Bourbons, le Rubicon était passé, il fallait s'y maintenir. Dès-lors il dut être despote et monarque absolu, proportionnellement à la faiblesse de ses titres, et au nombre prodigieux de ses ennemis, car il en avait de toutes les couleurs. Son ambition se changea d'abord, et peu à peu en tendance vers le despotisme; l'intensité de ce

ressort s'accrut en proportion de ses triomphes, et se fortifia de la bassesse de ses courtisans. Il y a plus, Napoléon aurait été sans
penchant pour le despotisme, que ses flatteurs
en auraient fait un despote. Oseraient-ils le
nier? Il y a *visu* de la part de la France.
Elle les a vus se traîner à plat ventre devant
lui. Pierre lui disait : *Quand Dieu eut fait
Napoléon, il se reposa.* Jacques l'assurait
*qu'il n'est pas de souverain là où il peut être
une volonté supérieure à celle du souverain.*
Celui-ci imprimait : Qu'est-ce une nation?
un tout *en péril quand son prince n'a qu'une
puissance limitée.* Celui-là enfin renchérissant
sur le tout, ne rougissait point de le haran-
guer ainsi : «*Sire, vous êtes le vainqueur des
vainqueurs de la terre, le modèle ici-bas du
Dieu des armées, qui ne pourrait abandonner Votre Majesté sans compromettre sa toute-
puissance.* Et c'était un prêtre, un prélat qui
s'exprimait ainsi !

Napoléon aurait bien voulu ne point hu-
mer ce dégoûtant encens ; mais sa politique
n'y aurait pas trouvé son compte. Il aimait
parfois à être flatté, et cependant il n'était
pas d'épigrammes qu'il ne lançât aux flatteurs.

« Cet homme-là , disait-il d'un de ses plus déterminés flagorneurs , a six pouces plus que moi , et cependant il se courbe tellement que , si je ne me baissais , je ne pourrais l'entendre. »

Les historiens croient avoir gain de cause, quand une fois ils ont dit : « La majesté de l'histoire n'admet que des sujets qui se dessinent sur de grandes proportions. » Voilà certainement de bien grands mots ; mais ce qui est encore plus certain , c'est qu'il nous ont donné des histoires bien sèches , bien monotones , qui du libraire ont passé chez l'épicier. Un héros toujours monté sur le haut ton , finit par ennuyer et n'instruit pas. Qu'il se montre en pantoufles du matin , il m'instruit et me distrait en même temps.

Quel lecteur n'aurait pas été satisfait d'apprendre dans l'histoire de Napoléon, qu'avant même d'avoir ceint le bandeau des rois , il se soupçonnait capable d'abuser de l'autorité suprême. Ce fait , rendu public par ceux là même qui en furent témoins , et qui se trouve dans les écrits d'un grand personnage , méritait bien une place dans l'histoire. Il prouve au moins qu'en s'avouant d'avance suscep-

li tible de gouverner en prince absolu, Napoléon
ne voulait pas trahir son monde.

Au printemps de 1804, alors qu'un assez
grand nombre de sénateurs vinrent lui pro-
poser de se déclarer empereur, Napoléon fut
le premier à leur faire des observations en
faveur d'une autre puissance que la sienne.
Feignant enfin de se laisser convaincre : « Hé
bien, leur dit-il, puisque vous croyez que
ma nomination au titre d'empereur est nécessaire au bonheur de la France, prenez au
moins des précautions contre ma tyrannie;
oui, je vous le répète, contre ma tyrannie.
Qui sait, le sais-je moi-même, si dans la
haute position où vous m'aurez placé, je ne
serai pas tenté d'abuser du pouvoir? Croyez-
moi; prenez note de ce que je vous dis aujourd'hui, et faites-m'en souvenir, je vous
prie, s'il m'arrive de pencher vers le despotisme. »

Feu l'abbé Delille, à qui M. François de
Neufchâteau racontait ce fait, lui dit : « Si ce
n'est pas là de la comédie, c'est au moins une
parodie d'un beau moment de Louis XIV. »
La remarque était juste. Le grand roi avait
dit, à son avénement au trône, aux princi-

paux seigneurs de son royaume : « Vous êtes
tous mes amis, ceux de mon empire que j'af-
fectionne le plus, et en qui j'ai mis le plus de
confiance. Je suis jeune, et les femmes ont
ordinairement bien du pouvoir sur ceux de
mon âge. Je vous ordonne à tous, que si vous
remarquez qu'une femme, quelle qu'elle
puisse être, prenne de l'empire sur moi et
me gouverne le moins du monde, vous ayez
à m'en avertir. Je ne vous demande que vingt-
quatre heures pour vous en débarrasser. »

Certes, il y a quelqu'analogie entre ce discours et celui que tint Napoléon qui, peut-
être aussi, ignorait les paroles de Louis XIV,
ou n'y pensait pas.

Quoi qu'il en soit, il est à faire ici une remarque bien importante ; c'est que le vœu
des deux souverains fut également mis en
oubli. Les courtisans de Louis XIV n'eurent
point le noble courage de l'avertir que le scandale de ses amours porterait atteinte à sa réputation ; ceux de Napoléon ne furent point assez
hommes de bien pour lui dire que son despotisme contribuerait à sa perte. Cette absence
d'énergie dans les conseillers de la couronne
frappe également sur les peuples et sur les

rois. Elle coûta à Napoléon le trône et la vie.

Comment se fait-il que M. Lemercier, homme de caractère, et dont la noble indépendance n'a jamais fléchi devant la volonté impériale, n'ait pas saisi l'occasion de faire sentir à l'empereur que son despotisme n'était point du goût de tout le monde? C'est un beau moment de perdu, et qui certes eût fait beaucoup d'honneur à l'auteur d'Agamemnon.

Lors d'une représentation de cette pièce, Napoléon le fit appeler et lui dit : « Votre pièce ne vaut rien; de quel droit ce Strophus ose-t-il faire des remontrances à Clytemnestre? ce n'est qu'un valet. — Strophus n'est pas un valet, Sire; c'est un roi détrôné, un ami d'Agamemnon. Vous ne connaissez guère la cour, répliqua Napoléon; apprenez que là le monarque seul est quelque chose : tous les autres ne sont que des valets. »

Cet orgueil insoutenable, ce penchant à réduire à zéro toutes les autres existences, ne forment certainement pas le beau côté de Bonaparte. Peut-être même lui doit-il une grande partie de ses malheurs. Toujours est-

18

il vrai qu'avec de pareils sentimens, il ne pouvait que régner en maître absolu.

Si quelque chose pouvait quelque peu l'absoudre d'avoir gouverné despotiquement, ce serait qu'il était despote de bonne foi, en toute âme et conscience. « Napoléon, disait M. Manuel, n'a jamais compris et ne comprendra jamais le trône sans le pouvoir absolu. » Cette assertion est d'autant plus vraie, que même avant d'être monarque, Bonaparte s'était prononcé pour la monarchie absolue. Voici, à ce sujet, un événement assez curieux qui, nous aimons à le croire, délassera agréablement le lecteur.

Napoléon n'était encore que premier consul. Dans une des soirées particulières qui avaient souvent lieu à la Malmaison, on vint à parler de la sévérité des ordonnances militaires sous Louis XIV. Berthier voulut, à ce sujet, citer un trait fort peu connu qu'il avait trouvé dans un recueil ancien qu'il possédait encore. Sa mémoire ne lui fournissant pas ce qu'il avait à raconter, il promit d'apporter le livre qui contenait cette singulière anecdote. En effet, le lendemain il lut à la société, et en présence de Napoléon, l'historiette suivante :

« En 1672 , époque de la guerre avec la Hollande , un cavalier lâcha par mégarde un coup de pistolet près de la maison où Louis XIV avait établi son quartier-général. Pour ce seul fait le malheureux fut condamné à être pendu.

» La veille de l'exécution, une jeune et jolie Liégeoise vint se jeter aux genoux du roi pour obtenir la grâce du condamné. — Quel motif vous porte à me solliciter en sa faveur, lui dit le prince ? le connaissez-vous ? désirez-vous l'épouser ? — Rien de tout cela , Sire , ne m'amène à vos pieds ; je ne le connais pas ; mais , Sire , j'ai un frère au service. Je me suis représenté que si un semblable malheur lui arrivait, je serais bien aise que quelqu'un sollicitât sa grâce. »

Le roi s'éloigna d'elle en lui disant : « *Qui tire près du Louvre , mérite la mort.* » La jeune fille ne se rebuta point, et retenant le prince par son habit, « N'accorderez-vous pas cette grâce, Sire, à une Liégeoise qui vous la demande? » Elle prononça ces mots avec tant d'onction et de naïveté, que le roi lui répondit en souriant : « *Hé bien, oui, je vous l'accorde, et je veux qu'il vienne vous en remercier.* »

« Le soldat fut amené devant Louis XIV. Instruit du sort qui lui était réservé, il comparut pâle, tremblant, et pouvant à peine se soutenir. « Qui t'a porté, lui dit le monarque, à tirer un coup de pistolet près de mon quartier? — Sire, je l'ai fait sans réflexion. — Sais-tu quelle est la peine prononcée contre toi? — Oui, Sire, je dois mourir. — Regarde cette jeune fille; la connais-tu? — Je jure à votre majesté que je ne l'ai jamais vue. — Elle a cependant sollicité ta grâce; je la lui accorde; tombe à ses genoux. » Le jeune homme était déjà aux pieds de sa bienfaitrice, ou bientôt ses forces l'abandonnèrent. Il fallut le relever et l'emporter hors du quartier. La jeune fille, en lui prodiguant tous les soins qu'exigeait son état, le rendit, en peu de temps, à la vie. — Vous allez me quitter, lui dit-il aussitôt qu'il eut repris ses sens; au nom de ce que vous avez vu de plus cher, dites-moi de grâce où je pourrai vous revoir? Que je ne quitte point ces lieux sans tomber de nouveau à vos genoux, et vous y jurer qu'après Dieu vous serez ce que je chérirai et je respecterai le plus. » Sa bienfaitrice, vivement attendrie, ne crut pas devoir lui refuser son adresse et la permission de la visiter.

» Cependant le bruit de cette belle action était parvenu jusque dans le camp. Les soldats abandonnant un moment leurs tentes, se portèrent en foule au-devant de la jeune personne qui venait d'arracher leur camarade au supplice. Tous voulaient la voir, l'admirer et la bénir. Si la vertu se vit quelquefois honorée sur la terre, jamais elle ne le fut plus sincèrement qu'au milieu de cette jeunesse guerrière. Malheur à l'imprudent qui aurait osé voir dans cette belle fille autre chose qu'un ange de bienfaisance et de générosité! Ses compagnons d'armes l'eussent mis en pièces.

» Ce fut avec bien de la peine que la jeune Liégeoise parvint à s'arracher à la reconnaissance générale pour regagner la maison paternelle (1). »

----

(1) Nous croirions priver le lecteur, si nous ne lui apprenions quels furent les résultats de cette belle action, en ce qui regarde le soldat et sa jeune libératrice. Nous avons trouvé le complément de cet épisode dans un re-

Ce récit donna matière à bien des réflexions. Tout le monde pensait que sous le règne du

---

cueil intitulé *les Bigarrures*, imprimé à Leipsick en 1673, chez Gléditsch.

Le soldat qui, comme par miracle, avait échappé au supplice, se nommait Coterelle. Il était fils unique d'un petit fabricant des environs d'Amiens, et passablement à son aise. Désespéré d'avoir été supplanté par un rival, le fils avait pris parti dans un régiment de cavalerie. Sa famille en était inconsolable.

Henriette Déthienne était le nom de la jeune Liégeoise. Son père, veuf depuis long-temps, se soutenait avec peine des bénéfices d'un petit commerce de merceries. Reçu chez Henriette tout le temps qu'il resta au camp, Coterelle en devint éperdûment amoureux, et ne tarda point à lui faire partager ses sentimens. Il fallut néanmoins se quitter ; l'armée française s'avança sur Maëstrich. Des lettres adoucirent la séparation des jeunes gens.

Quelque temps après le départ de son amant, Henriette perdit son père, et resta orpheline. Coterelle instruit de ce malheur, l'écrivit à ses parens. Ceux-ci n'ignoraient rien de ce que Henriette avait fait pour leur unique enfant. L'en récompenser en l'associant à leur aisance, devint alors leur unique pensée. On ne fit point venir Henriette, on courut la chercher. Cette jeune fille, naguère orpheline, retrouva bientôt un père, une mère qui la chérissaient, et une famille qui ne pouvait se lasser de la voir et de l'admirer. Dans la même année la paix se fit, et Coterelle obtient son congé.

Il serait difficile de bien rendre l'instant où ces deux

grand roi, on était encore passablement bar-
baré; cependant personne n'osait s'en expliquer, parce que Louis XIV était le héros de
Napoléon, qui n'avait qu'un regret, disait-il,
c'était de n'avoir pas fait le 18 brumaire,
comme lui, en bottes et un fouet à la main.
Lucien, que ce trait avait révolté, et qui ne se
contint jamais guère en présence de son frère,
s'écria comme par réminiscence : « C'est pourtant cette époque qu'on n'a pas craint de
nommer le grand siècle ! Quel siècle, grand
Dieu ! que celui où pour quelque chose de
moins qu'un accident, un prince pouvait, sans
forme de procès, faire accrocher à une potence
un homme au plus bel âge de la vie, le dé-
fenseur de l'état, l'unique espoir de sa famille!
En vérité le grand roi ne brillait pas sous le
rapport de l'humanité. » Le premier consul,
qui n'avait écouté son frère qu'avec beaucoup
d'impatience, lui répondit : « Louis XIV,

---

jeunes gens se réunirent pour ne plus se séparer. Une
belle action et un service sans prix les avaient mis une
première fois en présence l'un de l'autre. L'amour avait
ajouté aux sentimens de la reconnaissance; pouvaient-ils
se présenter à l'autel sous de plus heureux auspices !

Monsieur, savait comment il faut régner, et c'est en cela seul qu'il mérite le nom de grand. Quant aux règlemens que vous inculpez de barbarie, savez-vous ce que cela prouve? que vous n'entendez rien au métier de roi, et que ce prince concevait le trône de la seule façon qu'il fallait le concevoir. »

Ces paroles plus qu'indiscrètes pouvaient, à cette époque, nuire aux projets du premier consul; mais il savait que ses auditeurs, affamés d'or et d'honneurs, étaient déjà disposés à le subir souverain tel qu'il voudrait l'être. Il faut avouer aussi que se dessiner ainsi dans l'avenir, et sur un trône qu'on ne possède point encore, est une ces témérités qui ne réussissent point toujours à tous les ambitieux. Que dire cependant à un homme qui, le lendemain, répondit à Lucien, son frère, qui lui reprochait ses propos inconsidérés ? *« Laissez donc, j'essaie les esprits. »*

Si Bonaparte n'a pas exercé plus de rigueurs, ce ne fut point la faute de bien des personnes, qui, sous prétexte de le servir, ne visaient qu'à satisfaire des vengeances personnelles. Heureusement qu'il avait, pour découvrir les vues secrètes des délateurs, un instinct, un tact particulier. On saura quelque jour combien cette étonnante sagacité de sa part a laissé reposer d'honnêtes gens, que leurs ennemis désignaient à sa vengeance.

Après la mort de l'infortuné duc d'Enghien, la cause des Bourbons parut irrévocablement perdue. Il était hors de probabilité que, quelques années plus tard, cette famille ressaisirait le brillant héritage qu'une révolution sans exemple avait légué à un guerrier sans modèle, ennemi secret de cette même révolution.

Il fallait voir à la police de cette époque, comment on y venait de toutes parts dénoncer les partisans de la cause royale ou présumés tels. Par un de ces bonheurs que personne n'aurait alors espéré, les royalistes avaient pour les protéger contre leurs ennemis un homme qui, naguère, était un de leurs plus acharnés persécuteurs, un régicide enfin, Fouché.

Ce rusé ministre, peut-être aussi extraordinaire dans son genre que Napoléon dans le sien, s'était déjà tracé le système qui le sauva des catastrophes de la révolution et des bou leversemens de l'empire. Ce n'était pas un petit génie que l'homme qui, après avoir voté la mort de son roi, arrange les événemens de manière que le frère de ce même roi et son successeur, est contraint de prendre ce même homme pour son ministre; l'histoire n'offre rien de semblable.

Fouché, observateur adroit, profondément versé dans la science du cœur humain, et particulièrement dans celle des hommes et des choses de la révolution, aperçut d'un coup d'œil que, pour se soutenir auprès de Napoléon, qu'il savait par cœur, il fallait ménager, protéger les royalistes, et les lui opposer de temps à autre, perspicacité admirable qui lui réussit à tel point, qu'au mois de juin 1815 on criait de toutes parts que sans Fouché, il n'y avait ni sûreté pour le roi, ni salut pour la France; ce fut ce qui lui valut une conférence à Neuilly avec le duc de Wellington.

Ce système de protection envers les royalistes et les émigrés datait de la mort du duc d'Enghien , ou plutôt de l'avénement de Napoléon au trône des Français.

Des milliers de délations étaient anéanties par Fouché, qui n'en rendait pas même compte à l'empereur. S'il y eut quelques victimes, c'est que leur délit était par trop flagrant, et qu'il ne put les sauver sans se compromettre. Le cauteleux ministre avait, pour inspirer à Napoléon du dégoût et du mépris pour les délateurs, une méthode toute particulière, et qui lui réussit à merveille; c'était de lui mettre sous les yeux les dénonciations les plus injustes, les plus méprisables, celles qui reposaient sur des motifs frivoles , et qu'avaient dictées la vengeance ou l'ambition.

Il en est une de ce genre, par un sieur Maingand, contre un élève de l'école polytechnique. Nous la citerons d'autant plus volontiers, qu'elle est probablement encore dans les cartons de la haute-police.

Le dénonciateur en voulait mortellement au père du jeune homme. Il crut avoir trouvé l'occasion de se venger du père dans la personne de son fils bien innocent. Mais ce qui prouve au suprême degré la crasse ignorance

19*

du délateur, c'est que le motif qu'il alléguait pour que l'autorité persécutât le jeune homme comme royaliste et partisan des Bourbons, était de nature à lui faire honneur auprès même des serviteurs de Napoléon. On ne peut, en effet, lire ce trait sans doter de toute son estime le jeune homme qui en est le héros.

« En revenant de Limoges à Paris, M. Bérard, étudiant en droit, fit connaissance avec un jeune homme de dix-sept à dix-huit ans qui se rendait à l'école polytechnique. Ils furent obligés de coucher à Châteauroux, dans une chambre à deux lits. Le jeune homme était à demi déshabillé, lorsque, jetant les yeux sur deux gravures qui décoraient la chambre, il s'écria : « Je ne couche pas dans cette pièce si l'on n'en fait disparaître sur-le-champ ces deux tableaux. » M. Bérard, étrangement surpris de ce qu'il croyait une originalité, s'approcha pour considérer les deux gravures. Nouvelle surprise qu'il ne pouvait s'expliquer ; l'un de ces tableaux était Louis XVI au Temple, donnant des leçons de géographie à son fils, et l'autre la séparation de ce malheureux prince d'avec sa famille. —

« Pourquoi voulez-vous, dit-il au jeune homme, faire enlever ces deux estampes ? ce sont deux événemens remarquables que le burin nous a retracés. — Remarquables, reprend le sensible écolier, oui, Monsieur, que trop remarquables ! mais ces deux scènes me déchirent l'âme. Voyez, Monsieur, l'attitude de cet excellent père de famille ; comme elle est belle ! comme elle est noble ! son âme, sa vie, sont sur ses lèvres au moment de la *sé-paration*. Que de larmes ! que de désespoir dans toute cette famille ! Et ce dernier regard sur son épouse et ses enfans ! Tout ce qui peut briser le cœur de l'homme est là. Et lorsqu'ensuite on se dit que ce roi si clément, que ce meilleur des pères, des époux, des parens et des amis, va être donné aux bourreaux ; ah ! Monsieur, il y a là de quoi verser des larmes de sang. Non, mon Dieu, je ne passerai pas la nuit près de ces deux tableaux. Le sujet en serait sans cesse présent à ma pensée ; mes songes seraient horribles, et ma nuit serait affreuse.

» Cet excès de sensibilité dans un âge aussi tendre ravit d'admiration M. Bérard, qui fit emporter les deux tableaux. »

Ce fait, dont l'authenticité subsiste encore, répond victorieusement à cette classe d'hommes qui se font un plaisir de calomnier la jeunesse de notre époque.

On pense bien que le délateur ne raconta point l'événement tel qu'il s'était passé, et comme nous venons de l'écrire : mais Fouché, ayant fait appeler M. Bérard, sut bientôt à quoi s'en tenir. L'empereur, sous les yeux duquel fut mise cette injuste délation que le ministre avait fait précéder de la déposition de M. Bérard, témoin oculaire, dit à Fouché : « Vous avez probablement voulu, en insérant cette pièce au rapport général, me prouver jusqu'à quel point peut aller la turpitude humaine ? Faites savoir à cette famille le nom de son ennemi, afin qu'elle puisse s'en garantir. »

Les personnes qui n'ont pas rougi d'imprimer que Napoléon n'avait pas de raisonnemens suivis, qu'il ne s'exprimait qu'en phrases saccadées et dépourvues de liaisons ensemble, n'ont qu'à lire cette partie d'une conversation qu'il eut à Bayonne avec don

(225)

Juan Escoïquitz, archidiacre de Tolède, qu'il affectionnait alors plus qu'aucun autre Espagnol. Ce morceau éminemment curieux, et qui n'a point encore été imprimé en France où il fut apporté par M. Hervas, est extrait d'une brochure espagnole imprimée à Séville, intitulée : *Mon séjour à Bayonne et au château de Marrac.*

Il était question du caractère des quatre principaux peuples de l'Europe.

« La France, dit Napoléon, est encore de tous les pays celui où le souverain peut le plus facilement s'instruire de la position sociale et de l'esprit de ses sujets.

» Doué de plus de franchise et de sensibilité que les autres peuples, le Français sait le moins dissimuler ce qu'il est et ce qu'il pense. Quiconque a besoin de le connaître peut, sans trop d'efforts, lire à livre ouvert dans son cœur. Son amour, sa haine, ses craintes et ses espérances, se manifestent dans ses moindres discours. Aussi n'entendra-t-il jamais rien à conduire une grande conspiration. Le Français tient à aimer ses rois; parce qu'il lui serait plus pénible qu'aux autres peuples d'être obligé de les haïr.

Quand on lui a rendu impossible cette affection qui le tranquillise , il souffre. Il est l'homme de ménage qui veut de l'amitié dans la maison.

» Si , en présence de son souverain , le cœur du Français ne se dilate pas, c'est qu'il est irrité et malheureux. Cette situation est le thermomètre infaillible de son bien-être et de ses souffrances. Sa fidélité , ses respects , ses éloges ou ses épigrammes, sont en proportion de son bonheur ou de son malaise. Tel il était avant la révolution , tel il est encore. »

« L'Anglais ne voit dans son monarque que le chef du gouvernement. Il ne se sent pas le besoin de l'aimer ; il est même rare qu'il l'aime. Le prince le lui rend bien.

» L'Anglais serait colère d'obéir à des lois émanées directement de l'autorité du souverain. Il ne connaît que celles de sa constitution. Heureux ou malheureux par elles , peu lui importe , elles ne sont pas de fabrique royale. C'est l'esclave qui porte gaîment ses chaînes , parce qu'il nomme ceux qui les lui forgent. Quelle que soit la main qui en forge aux Français , il les soupèse et murmure. »

« L'Espagnol met trop de distance entre son prince et lui. Sa fidélité, quoique grande, est sombre ; ses respects, quoique graves, sont de routine. A fur et à mesure qu'il sera moins paresseux, il sera moins soumis. Avide de gloire sous Charles-Quint, il était guerrier ; de nos jours il est pénaillon, il veut des rois moulés sur son indolence et son fanatisme. Le Français veut les siens calqués sur sa gloire et ses besoins. »

« L'Allemand voit ses chefs dans ses princes. Il leur obéit sans enthousiasme, il les respecte sans épanchement, et s'en voit abandonné sans regret. Aussi est-ce le peuple que ses maîtres vendent ou troquent le plus facilement. Le Français ne se croit la propriété de personne. Mal venu serait quiconque voudrait le troquer ou le vendre. »

Il est inutile de dire que le livre d'où ce morceau est tiré ne se vendait point publiquement en Espagne. L'inquisition se serait trouvée blessée du portrait que l'auteur fait de la nation espagnole. Aussi ce morceau fut-il lu avec avidité lorsque la première fois il parut manuscrit dans les salons.

Lorsque Napoléon se fut retiré à l'île d'Elbe, il y recevait tous les journaux et presque toutes les brochures qui, à cette époque, tombaient drues comme grêle. Il lui en vint une où se trouvait ce passage : « Napoléon, retraçant un jour les diverses circonstances de sa vie, dit, en parlant de sa chute : *J'abdiquai, et voilà ma conclusion. Au bout du compte, je n'ai pas à me plaindre, je n'y perds rien. J'ai commencé la partie avec six francs ; j'en sors avec un assez bel enjeu.* » Une guêpe l'eût piqué, qu'il ne se serait pas plus vivement levé de son siége. Son visage était violet de colère ; il marchait à grands pas. « Ah ! les misérables, s'écria-t-il avec l'accent d'une profonde douleur, peuvent-ils me prêter de semblables infamies. Ce n'est pas auprès des classes privilégiées qu'ils me perdront avec ces pitoyables calomnies. C'est au mépris du simple peuple qu'ils veulent vouer ma mémoire. C'est une horreur. Je serais tenté d'en demander justice au roi de France ; car, après tout, c'est le plus honnête homme de son royaume. Mais que je suis bon de prendre feu pour ces vilénies ! Le petit peuple, la masse du peuple, m'aime. Que je suis bon, encore une fois, de m'échauffer pour des riens ! C'est qu'aussi je ne m'attendais pas à ces bassesses. »

Si ce n'est par méchanceté, c'est par erreur que certains faiseurs de recueils ont fait paraître l'épigramme suivante comme étant dirigée contre M. Lacretelle qui, à quelques taches près, est encore l'un de nos meilleurs historiens. Elle fut faite le 25 avril 1814, contre M. Bellart, procureur général, qui, le 31 mars même année, arracha de sa boutonnière le ruban de la croix d'honneur, en disant : « *Chaque fois que j'y porte la vue, je crois voir une tache de sang sur mon habit.* » Et cependant il est à la connaissance de toute la cour que M. Bellart fut une des créatures de Napoléon. Aussi faut-il lire ainsi l'épigramme qui portait le nom de M. Lacretelle.

Monsr Bellart arracha bien vite
Le ruban qu'on l'a vu quêter :
Il a raison ; c'est la croix de mérite :
Il n'est pas fait pour la porter.

Pendant les cent jours, cette épigramme fut montrée à Napoléon. « Voilà, dit-il, un arrêt sanglant rendu en peu de mots, et que sanctionnera la postérité. Voilà enfin comment, avec de brillantes qualités, on se déshérite à jamais de l'estime de ses contemporains et des respects de l'histoire. »

Outre les embarras d'une couronne nouvellement affermie sur sa tête, Napoléon avait encore à contenir les factions qui partageaient sa cour et l'intérieur du palais. Il y en avait trois qui se surveillaient les unes les autres. L'ancienne noblesse ou l'émigration, la noblesse nouvelle et les militaires. On ne saurait dire combien ces dissidences chagrinaient secrètement l'empereur. Il était d'autant plus obligé d'être neutre entre les trois partis, qu'ils avaient à leur tête trois personnes qu'il estimait. Le premier était conduit par madame de Montesquiou, le second par la duchesse de Montebello, le troisième par le grand-maréchal Duroc, qui semblait cependant y être étranger.

Madame de Montebello, sur laquelle on fit courir des bruits qui depuis ont été reconnus faux, s'était avantageusement placée

dans l'esprit de l'empereur, qui ne pouvait
tarir sur la visite qu'elle avait faite au cercueil
de son époux, déposé alors dans un des ca-
veaux de l'hôtel de la mairie à Strasbourg (1).

---

(1) M. Fortin, habile pharmacien qui embauma le corps
du maréchal, raconte dans une lettre à M. Cadet de Gas-
sicourt, tous les détails de cette visite nocturne. Quelqu'intéressante que soit cette lettre, nous n'en donnerons
qu'un léger extrait.

« Il était minuit, dit M. Fortin, lorsque madame de
Montebello, M. Crétu, son cousin, et moi, nous descen-
dîmes dans le caveau. Une lanterne nous éclairait à peine.
La duchesse tremblait, et affectait une sorte d'assurance ;
mais lorsqu'elle pénétra dans cette espèce de tombeau, le
silence de la mort qui régnait sous cette voûte souterraine,
la lueur lugubre qui l'éclairait, l'aspect du cadavre étendu
dans son cercueil, produisirent sur la maréchale un effet
épouvantable : elle jeta un cri douloureux et s'évanouit.
J'avais prévu cet accident : toute mon attention était fixée
sur elle ; et dès que je m'aperçus de sa faiblesse, je la sou-
tins dans mes bras, et la fis asseoir. Je m'étais précau-
tionné de tout ce qui était nécessaire pour la secourir ; je
lui donnai les soins que réclamait sa position. Au bout de
quelque temps elle revint à elle. Nous lui conseillâmes de
se retirer. Elle s'y refusa, se leva, s'approcha du cercueil,
en fit lentement le tour en silence ; puis s'arrêtant et
laissant tomber ses mains croisées, elle resta quelque
temps immobile, regardant la figure inanimée de son
époux et l'arrosant de ses larmes. Elle sortit de cet état,
en prononçant d'une voix étouffée par les sanglots : mon

« Cette action, disait-il, n'est ni d'une épouse
ni d'une femme vulgaire. Comme elle, j'ai
contemplé le néant des grandeurs humaines
dans le tombeau du grand Frédéric: Je sais
quelle émotion j'éprouvai alors, et quel souvenir m'en est resté. » Cependant, tout en
estimant beaucoup madame de Montebello,
Napoléon lui préférait secrètement la gouvernante de son fils. La première, d'une hauteur
et d'une ambition insupportables, était à la
fois jalouse et médisante. Elle avait le plus
grand éloignement pour madame la comtesse
de Montesquiou qui l'éclipsait par la noblesse
de ses manières et la supériorité de son esprit.
Il n'était pas de jours où la duchesse ne fît
éclater son aversion. Elle n'allait jamais voir
le jeune prince, pour n'être point obligé d'y
voir sa gouvernante. Napoléon, qui craignait
que de semblables procédés n'affligeassent
madame de Montesquiou, voulut un jour s'en

Dieu!...... ô mon Dieu!.... comme il est changé! » Je fis
signe à M. Crétu qu'il était temps de nous retirer; mais
nous ne pûmes entraîner la duchesse qu'en lui promettant de la ramener le lendemain, promesse qui ne devait
pas avoir d'exécution.

expliquer avec elle. Qu'il y a loin de ce qu'il
lui dit alors avec la brusquerie, le manque
d'usage et l'oubli des convenances qui, selon
ses adversaires, formaient son caractère
habituel! Cette conversation, prise dans la
bouche d'une dame que l'idée seule du men-
songe aurait effrayée, répond à bien des
choses imputées à Napoléon. « Madame la
comtesse, lui dit-il un jour, tout le monde
n'est pas assez heureusement organisé pour
rendre justice à vos vertus. Il en est toujours
ainsi des personnes de grand mérite. L'éclat
dont elles brillent fausse le jugement de ceux
qui ne peuvent les égaler. Si l'élévation de
vos sentimens vous interdit la plainte, je
n'en sais pas moins tout ce qui se passe ; mais,
madame la comtesse, si toute mon estime
peut vous dédommager de quelques désagré-
mens, je n'oublierai rien de ce qui pourra
vous prouver que vous êtes à mes yeux la
femme la plus méritante qui soit à ma cour. »
La vertu seule avait le privilége d'arracher
un pareil éloge à Napoléon.

Le maréchal Ney, duc de la Moscowa, a payé de sa tête chargée de lauriers un moment, un seul moment d'erreur. Quiconque écrira la vie de cet homme célèbre, saura probablement tirer parti des faits suivans qui restèrent long-temps ignorés, et que peu de gens connaissent même aujourd'hui. Le maréchal avait prêté serment au roi de France. D'après son caractère connu, et certain besoin de terminer paisiblement une vie presque usée dans les combats, on pourrait assurer qu'il n'aurait jamais enfreint ce même serment, si un infâme étranger ne l'avait indignement outragé dans un affreux libelle.

Dans une brochure dégoûtante de turpitudes, intitulée, croyons-nous, *Bonaparte et sa Cour*, l'anglais Goldsmith avait entassé d'horribles calomnies contre le maréchal. Ses amis lui conseillèrent de traduire le calomniateur devant les tribuuaux; il s'y refusa toujours constamment. «Je ne compromettrai point ma dignité, disait-il, contre ce misérable. L'outrage est fait à un maréchal de France, c'est l'affaire du gouvernement. » Tout en s'exprimant ainsi, le maréchal n'en

avait pas moins la mort au fond du cœur. Ce
guerrier terrible, qui pendant vingt ans avait
affronté des milliers de fois le trépas, ne se
trouva point la force d'effacer de son souvenir
l'iniquité du plus vil des hommes.

Malheureusement à cette époque, le ministère gouvernait en sens inverse des intérêts
de la couronne ; il ne prit point parti pour le
maréchal Ney, et laissa librement circuler le
libelle, dont un certain parti colportait les
exemplaires. Ce procédé mit le comble à
l'exaspération secrète du maréchal, qui cependant n'accusa jamais le souverain. Peut-
être même eût-il dévoré ses peines en silence ;
mais le retour de Napoléon au 20 mars, et la
défection des troupes décidèrent d'un cœur
profondément ulcéré.

L'empereur, étant à l'île d'Elbe, avait eu
connaissance du libelle de Goldsmith. « Si le
gouvernement français, avait-il dit, ne fait
pas mettre ce misérable aux galères, les
maréchaux qui ont servi sous moi doivent en
conclure qu'ils ne sont pas en bonne odeur à
la nouvelle cour. » Lorsque de retour en France
il apprit que le maréchal avait quelque temps
hésité de se déclarer pour lui, il répondit :

« Pourquoi cette hésitation ? le gouvernement qui le laissa outrager d'une aussi odieuse manière, ne l'avait-il pas suffisamment relevé de ses sermens ? »

C'est ainsi qu'avec le temps et les secrets qu'il dévoile, on sera à même de prononcer sur des événemens dont la superficie seule nous était connue. Patience, à compter de 1813 jusqu'en 1820, la France n'a encore qu'un léger aperçu de son histoire. Il est des faits qui, mieux connus, condamneront une foule d'hommes à la plus triste célébrité. Patience !

----

(1) La nature jette en bronze. Il est de ses œuvres que toutes les puissances humaines ne sauraient modifier. Napoléon était de ce nombre. De même qu'il n'appartient pas à un homme de six pieds de ne pas avoir cette taille, de même il n'était pas au pouvoir de Bonaparte de n'être point ambitieux et despote. Tout son être avait été coulé dans ce double moule. C'est sur cette échelle déter-

----

(1) Les trois premiers paragraphes inédits.

minée qu'il fallait le dessiner. Pour ne l'avoir point fait, l'homme est manqué.

De l'existence d'un seul homme ne dépendit jamais le bonheur de toute une nation ; mais un seul homme peut lui faire ou beaucoup de bien ou beaucoup de mal. Si Bonaparte n'était point né, que serions-nous ? Eh bien ! nous serions toujours la nation française. Nous ne sommes pas de ces peuples que les rois effacent de la carte. Bonaparte reçoit le jour : en silence il se forme ; tout à coup il entre en scène. Il est bien jeune, et cependant il prend les premiers rôles ; ses débuts sont des triomphes ; à sa voix les passions se taisent, et les Français se parlent raison. Plus tard, il refait le trône. — Pour lui. — Qu'importe, il le refait, et c'était l'essentiel. Quelque peu plus tard, l'héritier légitime de ce trône en reprend possession... Mais c'est admirable tout cela !... Bien aveugle est l'homme qui n'y voit pas le doigt de Dieu. Où est le mal, après tout, que Napoléon ait habité dix ans l'édifice qu'il avait reconstruit ? Il a fallu, dira-t-on l'en expulser de vive force. Qu'importe encore, puisque les propriétaires sont maintenant paisibles pos-

sesseurs. Au moins ne se plaindront-ils pas
qu'on ait laissé dépérir leur propriété. Ils
l'ont retrouvée superbe, vivifiée de toutes
parts, et chargée de monumens admirables.
Aussi ne croyons pas que, dans le secret de
leur pensée, ils salissent la mémoire de
l'homme qui a fait toutes ces belles choses.
Non : ce sont gens au-dessus du vulgaire, et
qui savent apprécier les hommes et les choses.
Mais, objectera-t-on, et ces sept à huit millions d'hommes qu'il nous coûte. — Eh bien!
grands benêts, de quel besoin vous seraient-
ils ces sept ou huit millions d'hommes? Ne
sommes-nous pas déjà assez? On est les uns
sur les autres. Plus de trois cent mille Français voudraient, seulement pour avoir du
pain et un habit, revoir le soleil d'Austerlitz,
et compter avec les Prussiens.

Réfuter doucement, et surtout avec impar-
tialité, les absurdités et les calomnies impri-
mées contre un homme célèbre, ce n'est point
du tout être son partisan, c'est être vrai;
c'est restituer à la société une physionomie
qu'elle aime à connaître, et que l'ignorance
ou la mauvaise foi avaient défigurée.

Il n'y a guère que les petits esprits qui se refusent à tenir compte à Napoléon de ce qu'il a fait de bien. Feu M. le comte d'Escars disait à quelqu'un qui traitait sévèrement le vainqueur de Marengo: «Silence, je voudrais pour trois doigts de ma main qu'il n'eût pas tué un Condé, ce serait mon héros; sans lui, je n'aurais pas eu l'insigne bonheur de voir mon auguste maître sur le trône de ses pères. « Ce propos nous rappelle M. Lanjuinais, quand il disait : « Ce que la France serait devenue sans Napoléon, c'est ce que j'ignore ; mais ce dont je suis bien certain, c'est que s'il n'eût mis la main à l'œuvre, je n'aurais point assez vécu pour voir les Bourbons rentrer en France. Il aurait fallu, pour arriver là, des torrens de sang versé sur l'échafaud et plus d'un demi-siècle ; encore n'est-il pas sûr qu'on y fût arrivé.

Reste donc son despotisme. Certes, il fut despote, et personne ne peut l'en justifier. Mais aussi personne ne justifiera les corps constitués de ne l'avoir point rappelé aux constitutions qu'il avait jurées. Que ne l'arrêtèrent-ils la première fois qu'il leur dit : « *L'État, c'est moi?* » Dix ans de silence et de pusillanimité ne seront point effacés par le rapport de la commission du corps légis.

latif en 1814. C'est ici qu'il faut faire la part à tout le monde, et réduire à sa juste valeur les hommes et les choses.

Ce rapport de la commission, que les ennemis de l'empereur élevèrent jusqu'aux nues, était à cette époque l'acte le plus impolitique, la déclaration la plus dangereuse que pût faire le corps législatif. Deux ans plus tôt cet acte aurait immortalisé ceux qui le rédigèrent. Mais alors que nos frontières étaient entamées, publier un pareil morceau, c'était un véritable crime de lèze-nation. Il y avait plaie au corps social ; d'accord : mais découvrir ses plaies en présence de l'ennemi, c'était l'inviter à courir sur les blessés pour leur en faire d'autres.

Alors qu'il était d'urgence extrême de présenter à l'étranger la France plus que jamais étroitement unie avec son chef, on la proclame en opposition directe avec lui et presque décidée à borner ses moyens de résistance. Il faudrait renoncer au bon sens pour nier que cette mesure intempestive pouvait avoir les plus funestes conséquences. Aussi, quelqu'acerbe que soit le discours de l'empereur au corps législatif, l'historien impartial n'y verra pas l'œuvre d'un despote, mais bien l'expression d'un monarque justement irrité. Il suffit de se reporter à l'époque de cet événement pour absoudre l'impétuosité de ce discours, que nous rapportons comme l'un des monumens les plus précieux du règne impérial.

Ce fut le 1er janvier 1814 que l'empereur adressa le discours suivant à la députation du corps législatif :

« Messieurs,

« Je vous ai réunis pour m'aider à faire le bien ; vous avez trompé mon attente. Vous vous êtes laissés conduire par cinq factieux.

» M. Laisné est un méchant homme. Je sais qu'il est en relation avec le régent d'Angleterre par l'intermédiaire de l'avocat de Sèze. M. Renouard a dit que le général Masséna avait volé des serviettes. Comment peut-on traiter ainsi un maréchal d'empire ? Je sais comme on mène toute une assemblée nombreuse. L'un se met dans ce coin-ci, l'autre dans celui-là, et bientôt toute la masse suit l'impulsion qu'on lui a donnée.

» Parmi vous, plus des onze douzièmes

sont de braves gens ; mais il s'y trouve des intrigans et des agitateurs : je les connais. Il y a dans le corps législatif des magistrats recommandables, des procureurs généraux, des maîtres des comptes, un ancien envoyé aux États-unis ; mais l'intrigue a dicté vos choix. Dans la commission diplomatique, dans celle qui devait rédiger l'adresse , dans la commission des finances, ce sont toujours les mêmes hommes qu'on voit paraître.

» Le rapport de votre commission m'a fait bien du mal. J'aimerais mieux avoir perdu deux batailles.. A quoi tendait-il? à augmenter les prétentions de l'ennemi. Ils voulaient que je cédasse plus que l'ennemi n'exigeait. Si l'on me demandait la Champagne, il faudrait donc aussi abandonner la Brie. Oui , on désirait une déclaration franche de mes sentimens; je l'ai faite. Nous ne combattons plus pour faire ni conserver des conquêtes, mais pour délivrer la France. S'il a été commis des abus , il fallait me les faire connaître division par division , j'aurais mis votre commission en relation avec mes ministres, on aurait vérifié ces abus, *nous aurions lavé notre linge sale en famille.* Mais est-ce en présence de l'ennemi qu'on doit faire des remontrances ? Le but est de m'humilier, on a voulu me barbouiller le visage : on peut me tuer, mais on ne me déshonorera pas.

» Je ne suis pas né parmi les rois ; je ne tiens pas au trône. Qu'est ce qu'un trône ? quatre morceaux de bois dorés couverts d'un tapis de velours. Mille chagrins environnent le trône, mais tant que j'y serai assis, j'en défendrai les droits. La nation a plus besoin de moi que je n'ai besoin d'elle.

» Votre commission m'a plus humilié que l'ennemi ; elle a dit que l'adversité est la véridique conseillère des rois. Cette pensée est vraie, mais l'application qu'on m'en fait est une lâcheté. Mes ennemis ne m'ont jamais reproché de n'être pas au-dessus de l'adversité ; c'est joindre l'ironie à l'insulte.

» Dans quatre mois, je publierai l'affreux rapport de votre commission. Si l'on s'avise de le colporter en public, je le ferai imprimer dans le *Moniteur* avec des notes de ma main.

» Que prétendez-vous faire ? Nous reporter à la constitution de 1791 ? je ne veux pas d'une constitution où je ne comprends rien. Si Louis XVI ne l'avait point acceptée, il règnerait encore.

» Comptiez-vous sur les faubourgs Saint-Antoine et Saint-Marceau? Vouliez-vous imiter l'assemblée législative? Elle s'est laissé gouverner par les Girondins. Les Vergniaux, les Guadet, que sont-ils devenus? Ils sont dans le tombeau.

» Qui êtes-vous pour réformer l'état? Vous croyez être les représentans de la nation. En Angleterre, les communes le sont, parce que c'est le peuple qui les nomme. Chez nous, la constitution n'est pas telle; ce n'est pas ma faute. Vous n'êtes que députés au corps législatif. Le véritable député de la nation, c'est moi, que quatre millions de citoyens ont trois fois proclamé leur souverain. Le sénat et le conseil d'état partagent avec moi et avant vous le pouvoir législatif. Tout pouvoir se rattache au trône. Tout est dans le trône.

» Je le répète, plus des onze douzièmes d'entre vous sont bons, mais vous vous êtes laissé guider par des factieux. M. Laîné est

un traître ; j'aurai l'œil sur lui et sur les mé-
chans, et je les réprimerai.

» Retournez dans vos départemens. Je
compte sur le bon esprit que vous y reporte-
rez. Dites à vos concitoyens que les ressources
de la France ne sont point aussi épuisées
qu'on le croit. Si j'éprouve encore des revers,
j'attendrai mon ennemi dans les plaines de la
Champagne. Dans trois mois nous aurons la
paix. Les ennemis seront chassés ou je serai
mort. »

Ce discours fit, comme on le pense bien,
une très-vive sensation. Ceux qui depuis long-
temps trahissaient secrètement l'empereur,
virent bien qu'ils n'avaient rien de mieux à
faire que de hâter sa perte. Dieu sait avec
quelle ardeur ils s'y employèrent ! Napoléon,
quittant sa capitale, n'allait pas combattre
ses plus cruels ennemis ; il en laissait de plus
redoutables à Paris. Il le savait, il les connaissait, et ne fit pas d'exemple. C'est, au
dire de bien des gens, une faute qu'il a payée
de sa vie et de sa couronne. Jusqu'à son abdication, il fut en mesure de punir les traîtres
sans compromettre ses intérêts ; il avait pour

lui le peuple et l'armée : il n'en fit rien. Comment alors concilier tant d'indulgence avec le despotisme qu'on lui reproche ? C'est à ses détracteurs à répondre à cette demande, si toutefois ils le peuvent.

———

La politique, l'ambition, la continuité de la toute-puissance ont souvent fait de Napoléon un homme difficile à vivre, et cependant il a montré mainte et mainte fois qu'il était né sensible, et que, s'il estimait les qualités guerrières, il savait de même apprécier les vertus domestiques.

Napoléon avait un respect tout particulier pour les femmes avancées en âge. On sait qu'étant à Schœbrunn, peu s'en fallut qu'il ne fît fusiller un chirurgien qui avait écrit une lettre injurieuse à une vieille chanoinesse. Ce respect de Napoléon pour la vieillesse des femmes, prenait sa source, dit M. de Bausset, dans l'amour filial qu'il portait à sa mère. Bonaparte en effet était un très-bon fils. Voici, à l'appui de cette assertion, un trait charmant que nous exhumons pour la première fois d'une lettre de M. Romeuf.

Le lendemain de la bataille de Wagram, Napoléon rencontra un chasseur dans un chemin détourné et à quelques lieues de l'armée. Le prenant pour un traînard qui ne s'était point trouvé au combat de la veille, il lui dit : — « Chasseur, est-ce que tu n'étais pas hier à ta compagnie? — *Vous plaisantez, Sire*, répondit le soldat. » Cette réponse, assez peu respectueuse, ne déplut point à l'empereur, qui crut y voir la franchise d'un soldat que blessait un soupçon de lâcheté. — « D'où viens-tu maintenant, continua-t-il? — Sire, ma mère, depuis vingt ans cantinière aux armées, est dangereusement malade dans le village là bas. J'ai demandé ce matin permission à mon colonel d'aller la voir. Elle est très-âgée, et je crois qu'elle touche à sa fin. Seule au milieu d'étrangers qui ne connaissent point le français, ma bonne, ma pauvre mère mourra privée de soins et de consolations. Je donnerais, Sire, quatre pintes de mon sang pour qu'il me fût permis de la soigner jusqu'à son dernier moment. — L'empereur attendri fait aussitôt prendre le nom du chasseur et le numéro de sa compagnie; puis l'interrogeant de nouveau : — Ta mère a-t-elle de l'argent ? — Oui, Sire; outre tout le mien que je lui ai porté ce matin, elle a fait des économies. — Hé bien! retourne auprès d'elle, et ne la quitte point que le ciel n'en ait disposé. — Vous êtes le meilleur des hommes, s'écrie le soldat comme hors de lui; ma pauvre mère.....! et il courut la rejoindre. »

———

Certaines personnes croient que ce ne fut qu'à la restauration que les jésuites pensèrent à rentrer en France (1). Ce projet, suivant d'autres, ne date que de 1820, époque de l'entrée de MM. de Villèle et Corbières au ministère. Les uns et les autres se trompent. Ce fut sous Napoléon, sous le ministère de Fouché que les enfans de Loyola conçurent le projet de s'établir en France, au mépris des arrêts qui les en avaient expulsés. — Sous Napoléon, direz-vous tout étonnés? — Oui, sous Napoléon, en 1804, et lorsqu'il venait de mettre la couronne sur sa tête. Il en a même été question dans les papiers de cette

———

(1) Extrait des cartons de la haute police, année 1804.

époque. Mais comment et pourquoi ils y étaient rentrés ? voilà ce que personne ne savait et ne sait encore, hormis la police , qui seule avait ses secrets.

. Chassés de France depuis un demi-siècle , les jésuites n'en avaient pas moins l'œil sur tous les événemens qui pouvaient les y ramener. Leurs tentatives sous Louis XVI furent infructueuses. Sous la république, il n'y avait pas à y penser. Aussi ne bougèrent-ils point. Bonaparte , premier consul, restaure la religion ; tous leurs regards se fixent alors sur lui. D'habiles émissaires venus de Rome à Paris , suivent pas à pas sa conduite politique et religieuse. Cependant lui-même est encore sous le régime républicain , et les agens de la société en concluent que la poire n'est pas encore mûre, et qu'il faut attendre un moment plus favorable qui , disent-ils , ne peut long-temps se faire attendre. Et quel est ce moment plus propice ? La chose est assez curieuse à savoir : ouvrons donc le carton de la haute police qui contient toute cette affaire, aux mois de février , mars , avril , mai et juin 1804.

Les agens de la société n'étaient pas hom-

mes à ne point pénétrer les desseins de Bonaparte. Aussi trouve-t-on dans une lettre à
leur général, sous la date du 4 mars 1804,
ces mots bien remarquables. « Plus de doutes,
le premier consul aspire au trône. Une nombreuse faction va le lui offrir pour la forme ;
car depuis plus d'un mois, le projet en a été
arrêté en comité secret. Nous avons lieu de
croire que ce grand événement nous sera pro-
fitable sous différens rapports. »

Ce paragraphe en dit plus qu'il n'est gros.
Espérer s'établir et dominer en France sous
un homme tel que Napoléon, était d'une
effronterie tout-à-fait jésuitique.

Enfin vint la fameuse séance où le tribun
Curée fit la motion d'élever le premier consul à
la dignité d'empereur. Cette nouvelle fut aussitôt transmise au général des jésuites à Rome.
Il n'y avait pas de temps à perdre. Un premier détachement de ces bons pères prit aussitôt le chemin de Paris. Pour ne point donner
l'éveil à la police, ils n'y entrèrent ni le même
jour, ni par la même barrière. Mais Fouché
était là ; quarante à cinquante Italiens arrivés
à Paris à des époques rapprochées, ne pouvaient lui échapper. Ses furets se mirent sur

leurs traces, et bientôt il sut qu'ils appartenaient à la compagnie de Jésus. Des jésuites,
clandestinement arrivés dans la capitale au
moment où va commencer un nouveau gouvernement, lui parurent quelque chose de
plus que suspect. Soudain il fit partir pour
Rome l'un de ses agens le plus actif, le sieur
Pimentel, qui, sous un autre nom, et décoré
du titre de baron ou marquis, devait pénétrer
tous les secrets de cette intrigue. Fouché
savait choisir son monde, et pour une telle
mission, quelque difficile qu'elle fût, Pimentel
avait toutes les qualités requises. Fils de
bonne maison, bien fait de sa personne,
s'exprimant avec une rare facilité, parlant
aussi bien l'allemand et l'italien que le français, il n'était pas de maison à Rome où il ne
fût certain d'être bien reçu. Il partit les
poches pleines d'or, et suivi de deux domestiques en livrée, qui n'étaient autre chose
que deux agens de police subalternes, chargés
de recueillir les bruits de ville, et de le seconder dans ses opérations.

Arrivé à Rome, Pimentel se logea dans un
bel hôtel, et prit un équipage. Il se donna
pour amateur des beaux-arts, disant qu'il ré-

siderait long-temps dans la capitale du monde chrétien, dont il voulait étudier tous les chefs-d'œuvre. D'un autre côté, ses domestiques disaient partout, et comme en secret, qu'ennemi juré de Napoléon, la police l'avait fait sortir de France. Cette dernière circonstance lui ouvrit toutes les portes. Bientôt il y fit de nombreuses connaissances, entre autres celle du père Aldini, jésuite renommé dans son ordre. Journellement ensemble, il ne tarda pas à connaître quels étaient ses côtés faibles. Attaché à lui plaire, approuvant tout ce qu'il faisait, flattant toutes ses opinions, faisant force éloges des jésuites, et disant pis que pendre de Napoléon, notre rusé matois sut tellement gagner la confiance du bon père, que celui-ci n'eut bientôt plus de secrets pour lui. Le croyant au contraire susceptible d'avancer les projets que la société avait sur la France, l'imprudent jésuite ne balança pas à les lui détailler. « Voici, dit Pimentel dans son rapport du 4 mai, au ministre de la police, comment les jésuites raisonnent sur la France, ou plutôt sur Napoléon.

» L'empereur, disent-ils, se couronne au milieu d'ennemis de toutes espèces. Nul doute que tout ce qui lui présentera un point d'appui n'en soit bien venu. Le plus important pour nous est d'obtenir un pied-à-terre en France. Ce pied-à-terre une fois obtenu, chacun des membres chargés de cette mission manifestera la soumission la plus humble aux lois du nouveau gouvernement; flattera les autorités, surtout les maires et les préfets; ne heurtera aucune opinion; saisira toutes les occasions possibles d'applaudir le souverain et ses ministres; négligera en apparence les intérêts du pontife, dont il ne parlera que le moins possible.

» Cette conduite arrivera probablement jusqu'à Napoléon. Il a du tact, de la profondeur; il connaît les grands moyens de la société; il sentira probablement qu'il est de son intérêt de la rallier à son drapeau, surtout dans un moment où il n'a pas trop à s'applaudir de la cour de Rome. Peut-être même pensera-t-il à nous employer auprès d'elle. Quelques-uns de nos pères seront appelés près de lui. Le reste irait alors tout seul, etc. »

Tous les projets de la société sont dans cet extrait. Fouché les avait devinés; mais avant d'instruire l'empereur de cette affaire, il avait voulu en avoir la preuve positive.

Le détachement des jésuites qui était dans la capitale, et qu'on feignait de ne point apercevoir, travaillait dans l'ombre avec une activité incroyable. C'était d'abord une permission de s'établir quelque part, qu'à tout prix ils cherchaient à obtenir. De secrètes tentatives leur avaient prouvé que la chose était impossible à Paris; force leur fut de rabattre sur les départemens voisins. De toutes parts ils trouvaient des difficultés. En vain se présentaient-ils sous les noms de pères de la foi, de pancratiens, d'adorateurs du sacré cœur de Jésus, maires et préfets n'en voulaient pas. Enfin un préfet tel qu'ils en cherchaient un leur tomba sous la main. C'était M. Belderbusch, préfet du département de l'Oise, qui consentit bénignement à les protéger. Bientôt ils y furent établis, et déjà l'éducation allait passer dans leurs mains. La nouvelle en fut portée à Rome, et ce fut fête chez les bons pères. Leurs antécédens ne les effrayaient point. Napoléon, suivant eux, pouvait d'autant mieux les rappeler, que Henri IV, qui devait plus que lui les haïr, n'avait pas craint

de leur permettre de rentrer. Enfans d'Esco-
bard, vous comptiez sans votre hôte ! Fouché,
jésuite en son genre s'il en fut jamais, ne vous
perdait pas de vue, et vous étiez arrivés où il
voulait que vous en fussiez pour vous perdre
sans retour.

L'empereur ne savait pas un mot de tout
cela. Son ministre de la police, toujours jaloux de lui prouver à quel point il était nécessaire, avait voulu lui ménager une surprise,
car il était sûr que c'en serait une pour Napoléon, qu'il savait ennemi de tout ce qui tient à
Rome.

En parcourant le rapport de Fouché, où
tous les projets de la compagnie étaient mi-
nutieusement détaillés, et peut-être même
amplifiés, c'était de la part de l'empereur à
n'en pas revenir. « Quoi ! s'écria-t-il, des jésuites en France ! Des jésuites espérer une
existence politique sous mon règne ! mais ce
ne sont donc plus les jésuites d'autrefois.
Ceux-ci auraient au moins réfléchi que tout
me forcerait à écarter une milice dont le
général est à Rome et aux gages de Rome.
Chassez-moi bien vite cela, monsieur le ministre ; chassez-moi cela, c'est par trop ab-

surde. » Tout ceci avait été dit de manière à ce qu'il voulait être promptement obéi. Aussi les bons pères sortirent-ils de France plus vite qu'ils n'y étaient entrés. Mais, et depuis 1820, on voit que les enfans d'Ignace ne sont pas gens à quitter la partie pour un échec.

En 1804, un seigneur étranger fut admis à l'honneur de dîner avec Joséphine, au château de la Malmaison. L'empereur, qui le vit le soir à Saint-Cloud, lui demanda comment il avait trouvé l'impératrice. — Vous êtes, Sire, le plus heureux des hommes. Je ne flatte pas l'impératrice, mais elle est adorable. J'ai vu la ville et la cour, et je n'ai pas trouvé de femmes qui pussent lui être comparées. — Je le crois bien, répondit l'empereur avec non moins de franchise que de vivacité, Joséphine par sa tendre sincérité a toujours eu sur les autres femmes la supériorité qu'un diamant de Golconde a sur les cailloux du Rhin. « Exagération à part, cette réponse prouve à quel point il aimait son épouse à cette époque. Et l'ingrat l'a sacrifiée à son ambition !

Tout ce qui avait l'ombre de blesser la pu-
deur ou les bienséances offusquait le chef de
l'empire. Il était question de construire une
fontaine sur la place du Carrousel. On lui en
présenta le plan; c'était quatre naïades qui
jetaient de l'eau par les mamelles; cela lui parut
indécent. « Passons, dit-il, les nudités aux
statues isolées, c'est déjà beaucoup. Otez-moi
ces nourrices de là; les naïades étaient
vierges. » Le plan fut rejeté.

Lorsque l'empereur offrit la couronne de
Naples à Lucien, celui-ci répondit fièrement :
Si j'accepte le titre de roi, je veux être seul
le maître de mon royaume, et pouvoir le
gouverner, non comme un préfet, mais en
prince indépendant. — Mais vous n'y pensez
pas, Lucien, pour le moment ma politique s'y
oppose. — En ce cas, gardez votre couronne.
— Oui, car aussi bien nous nous ferions la
guerre. Le trône fut donné à Murat.

Quelques jours après avoir annoncé le divorce à Joséphine, Napoléon assembla un

conseil où il admit toute sa famille. Il était question de savoir où il choisirait une épouse. Ayant perdu tout espoir du côté de la Russie, on lui proposa une princesse de Bavière, une princesse de Wurtemberg. — « *Je ne veux point*, répondit-il, *des princesses que j'ai faites royales.* » M. Regnault de Saint-Jean-d'Angely parla d'une archiduchesse d'Autriche. Caroline Murat, cette femme de qui M. Talleyrand de Périgord disait : « *C'est la tête d'une jolie femme sur les épaules de Cromwell,* jeta feu et flamme contre ce choix. « *La France,* dit-elle, *a dû et devra toujours ses malheurs à l'Autriche. Jamais il ne nous est revenu rien de bon de ce pays-là. Consultez la nation, la masse vous criera : Point d'autrichienne, point d'autrichienne ! Nous viendrait-il une sainte de l'Autriche, qu'elle porterait malheur à la France et à son souverain. La reine Elisabeth, femme de Charles IX, était une vertueuse et digne princesse ; elle ne trempa pas dans les horreurs de la Saint-Barthélemy, et cependant ces horreurs eurent lieu. Son mari mourut comme il le méritait. Non, point d'autrichienne.* » Murat, ce guerrier si terrible à la tête d'un escadron, mais qui aurait craint d'avoir une autre volonté que celle de sa femme, se joignit à elle pour repousser une alliance avec l'Autriche. Il dit, entre autres choses, ces paroles que l'histoire enregistrera : « *Si définitivement on adopte une autrichienne, malheur à toute la famille. Sa Majesté ne finira pas sur le trône!* » A ces paroles terribles, que Murat fit retentir dans la salle, Napoléon, vivement ému, se leva comme par instinct, et les auditeurs restèrent à demi-consternés. M. Regnault-d'Angely voulut en démontrer la superstition ; mais l'empereur l'arrêta tout court en lui disant : « *L'affaire vaut la peine d'y penser. Demain nous en reparlerons.* » Le lendemain l'empereur s'enferma avec MM. Cambacérès, Fouché, Thibeaudeau, Lebrun, Talleyrand de Périgord et le duc de Bassano. Le résultat de ce conseil fut, qu'en dépit de l'opposition de la famille de Napoléon, une princesse autrichienne fut choisie pour être son épouse. Quand la princesse Caroline apprit cette décision, elle dit : « *Qu'elle vienne l'autrichienne; si jamais je l'aime, c'est qu'elle fera ce que je voudrai.* »

On ne peut pas dire qu'elle n'ait point tenu parole.

———

Lorsqu'il fut question de la réception du cardinal Maury à l'institut, il eut l'insigne hardiesse de demander que le président de ce corps le traitât de *Monseigneur* dans la réponse qu'il ferait à son discours. Tout l'institut fut révolté de cette prétention. On y résista long-temps. Le cardinal n'en voulut rien rabattre ; enfin on fouilla dans les archives de l'académie française , et l'on trouva que le cardinal Dubois , de vertueuse mémoire, avait reçu ce titre lors de sa réception. Toute difficulté semblait aplanie, mais il s'en éleva une nouvelle. Aucun des membres de l'institut ne voulait présider la séance. L'abbé Sicard finit par s'immoler , avec une humilité vraiment chrétienne, et il *Monseigneurisa* le cardinal Maury , en dépit de toute opposition. Chénier, le plus indigné de tous , fit contre l'orgueilleux prélat l'épigramme suivante :

> Dubois aux enfers a bien ri,
> Quand il a vu l'Académie
> Puisant dans son histoire une loi d'infamie,
> Donner du *Monseigneur* au cardinal Maury.
> Oh! parbleu s'écria le cuistre,
> J'étais, j'en conviens aujourd'hui,
> Vil, insolent et vénal comme lui ;
> Mais le drôle n'est pas ministre.

Le trait était sanglant, et bien des gens craignirent qu'il n'en advint mal à son auteur. M. de Pommereuil fit voir l'épigramme à l'empereur, qui dit : « La leçon est forte, mais il faut convenir que le cardinal n'a que ce qu'il mérite. Je l'ai laissé faire, quoique je visse bien que dans tout ceci il n'y avait pas le moins du monde d'un successeur des apôtres. »

« Les Français, disait Napoléon, seront toujours les premiers soldats de l'Europe. La raison en est qu'au milieu du péril et sous une grêle de balles, ils sont toujours prêts à éclater de rire si l'occasion s'en présente. On ne saurait croire combien cet heureux caractère leur donne d'avantage sur les soldats des autres nations. Ceux-ci, plus réfléchis, sont

tout au danger de leur position, et s'en ef-
fraient parce qu'ils les calculent. Les Français,
au contraire, souvent à tout autre chose
qu'aux périls qui les environnent, ne pensent
point à s'y soustraire. » Il faut avoir fait nos
dernières guerres pour bien sentir la justesse
de ce raisonnement. Voici un exemple de ce
penchant à la gaîté qui n'abandonna jamais
le soldat français, même au milieu du plus
grand danger.

L'empereur s'aperçoit, au milieu de la
bataille de Wagram, que des tirailleurs se
sont trop engagés. Aussitôt un aide-de-camp
reçoit l'ordre d'aller se mettre à leur tête et
de les ramener. Balles et coups de canon les
suivaient dans leur retraite, drus comme
grêle ; enfin un boulet tombe à un demi-pied
d'un jeune chasseur qu'il couvre de boue.
« *Tonnerre* de Dieu, capitaine, dit le soldat
à l'aide-de-camp qui les avait déplacés ; si ce
brutal m'avait emporté, je vous en aurais
voulu toute ma vie. » Et tous les soldats d'é-
clater de rire à cette plaisanterie, au milieu
des balles qui leur sifflaient aux oreilles, et
sous le feu meurtrier d'une nombreuse artillerie.

Le soir même de la bataille de Marengo , Napoléon dit à son aide-de-camp Lacuée, qui lui faisait un rapport : « Hé bien ! jeune homme, que dis-tu de la journée? — Ma foi, général, que j'ai vu l'heure où nous étions rossés d'importance. » Napoléon aussitôt lui réplique , avec le ton de l'enthousiasme , par ces quatre vers de la mort de Pompée :

J'ai servi, commandé, vécu quarante années :
Du monde entre mes mains j'ai vu les destinées ;
Et j'ai toujours connu qu'en tout événement,
Le destin des états dépendait d'un moment.

Il eût fallu le voir alors, disait le jeune Lacuée ; Talma n'eût pas été plus beau que n'était Bonaparte en ce moment. »

De toutes les personnes de la famille de Napoléon , personne ne lui a plus ressemblé moralement que sa sœur Caroline , épouse du prince Murat. C'était comme lui un caractère audacieux, une tête de fer, une ambition démesurée. Lorsque Joseph monta sur le trône de Naples , elle eut la hardiesse de dire à l'empereur : « Penserez-vous bientôt à me donner une couronne ? Oubliez - vous que pour la porter, il y a chez moi plus d'étoffe que chez votre Joseph ? — *Vos plaintes m'é tonnent*, lui répondit Napoléon, *on dirait, à vous entendre, que je vous prive de la succession du feu roi votre père.* »

L'évêque d'une capitale du midi était, comme la comtesse de Pinbêche, dévoré de la fureur des procès. Cette manie déplaisait singulièrement à l'empereur, qui n'attendait que l'occasion de le lui faire sentir. Lorsqu'au mois de mai 1810, ce prélat vint à la cour solliciter quelque grâce pour son diocèse, l'empereur, avant de l'introduire, dit à Cambacérès : « Ayez l'air de m'écouter, j'ai mes raisons pour vous citer un trait que j'ai vu quelque part. » Le prélat fut introduit dans le salon. Napoléon feignit de ne point l'apercevoir, et d'être en conversation réglée avec Cambacérès, auquel il disait : « *Oui, Monsieur, plaider est chez certaines personnes une passion désordonnée. Vous avez entendu parler de M. Dilliers, évêque de Chartres* sous Louis XII? Hé bien! cet homme avait la fureur des procès; c'était sa passion, son bonheur; il ne pouvait vivre sans cela. Le roi lui proposa de l'accommoder avec toutes ses parties. Ah! Sire, répondit Dilliers, laissez m'en de grâce vingt ou trente pour menus plaisirs. Hé bien! moi, Monsieur, si j'eusse été le roi de France, j'aurais mis cet homme-là à Charenton. Un prêtre et des procès ne doivent point se trouver sur la même ligne. Se retournant ensuite du côté de l'évêque, il lui fit l'accueil le plus gracieux, et lui accorda tout ce qu'il était venu lui demander. Le prélat se douta que la leçon était pour lui; aussi dès qu'il fut de retour à sa résidence, il mit fin à tous ses procès, et n'en eut plus à l'avenir.

Napoléon avait toujours fait très-bon ménage avec sa première épouse. Long-temps ils n'eurent qu'une même chambre à coucher et un même lit. Lucien l'en plaisantait un jour : « C'est, lui répondit-il, le grand secret de bien vivre avec une femme que l'on aime, et le meilleur moyen d'échapper au malheur de ne plus l'aimer ; car c'est une chose bien triste que de ne plus aimer son épouse. »

Joséphine retint ces paroles ; et quand, après l'immense élévation de son époux, l'étiquette leur eut fait une loi d'avoir chacun leur appartement, elle le lui rappela. « Je pense toujours de même, lui dit-il, et j'aurais toujours agi de même si j'eusse resté simple particulier ; mais il est de sottes conventions auxquelles il faut se sacrifier. Au surplus, ajouta-t-il, en passant la main sous le menton de son épouse, *j'userai beaucoup plus vos draps que les miens.* »

Madame de Staël n'ignorait point l'espèce d'aversion que Napoléon avait pour elle ; et cependant tout le temps qu'elle fut à même de se rencontrer avec lui dans les salons, elle ne pouvait résister au plaisir de lui adresser la parole : « Quelle est, lui demanda-t-elle un un jour, la femme la plus aimable et la plus digne d'estime ? — Celle qui fait le plus d'enfans à son mari, répondit Napoléon. »

Avec un grand caractère, ne fût-on pas du même sentiment que Napoléon, on était sûr d'obtenir son estime ; s'il ne vous en donnait point des preuves positives, c'est que sa politique le lui défendait expressément. Voici, à ce sujet, quelque chose qui mérite de passer à la postérité. L'honneur en est à un des seigneurs les plus distingués du Portugal.

Junot occupait le Portugal avec le corps d'armée qui l'avait conquis. Une députation des personnes les plus qualifiées du pays vint trouver l'empereur à Bayonne. A la tête de la députation se trouvait le comte de Lima, qui, pendant son ambassade à Paris, avait été fort répandu dans la société. Quand cette députation fut présentée à l'empereur, il l'accabla, comme à son ordinaire, de questions auxquelles il répondait souvent lui-même sans attendre la réponse. Enfin il leur dit : « Qui voulez-vous être ? votre prince vous a abandonnés ; il s'est fait conduire au Brésil par les Anglais, c'est une grande sottise dont il se repentira. Dites-moi maintenant ce que vous voulez, vous autres Portugais ? *Voulez-vous être Espagnols ?* — A ces mots, une rougeur d'indignation couvrit le front des nobles Portugais, et le comte de Lima, grandissant de dix pieds, s'affermissant dans sa position, et portant la main sur la garde de son épée, répondit d'une voix qui ébranla les voûtes de l'appartement, *Non!*

Cette héroïque monosyllabe frappa vivement Napoléon, et le lendemain il rendit au conseiller d'état Regnault de Saint-Jean-d'Angely l'impression qu'il avait reçue par ces paroles : — « *Le comte de Lima m'a dit hier un superbe NON.* »

Depuis ce temps, l'empereur le traita toujours avec la plus grande distinction, ne lui refusa rien de ce qu'il réclamait pour le Portugal, et ne parla plus de réunion avec l'Espagne.

Le poète Lebrun se refusa toujours à écrire en faveur de Napoléon. L'un des plus habiles flatteurs de ce dernier pressait notre auteur de faire au moins quelques vers en faveur du premier consul. Le poète prend la plume, et jette sur le papier ce distique improvisé :

Du grand Napoléon je suis l'admirateur;
Mais il me veut *sujet.* — Je suis son serviteur.

Ces deux vers coururent les salons. Un ennemi de l'auteur crut le perdre en les envoyant à Napoléon, que la motion du tribun Curée appelait alors au trône impérial. Il se pouvait que le premier consul, futur empereur, se formalisât des vers de Lebrun, et lui fît un mauvais parti. Il n'en fut rien. Il lut le distique, et dit en riant : « Lebrun dans ses vers me donne *le titre de grand*, c'est pour moi beaucoup d'honneur; il est *mon admirateur*, je l'en remercie; il consent à être *mon serviteur*, c'est déjà quelque chose; pour ce qui est d'être *mon sujet*, laissons-le faire, il le sera tout comme un autre. »

Nous devons la guerre de Russie à l'ambition démesurée de Napoléon. Cependant jamais, peut-être, il ne s'y serait décidé, si la vengeance ne lui en avait fourni la première idée. Voilà un fait qui ne pouvait venir à la connaissance du public que par le canal des conseillers intimes de l'empereur.

Suivant Napoléon, le blocus continental était une absurdité si la Russie ne voulait y coopérer. Alexandre, qui s'était solennelle ment engagé à le maintenir, n'en fit rien. Il y avait de quoi lui aliéner le cœur de Napoléon. Toutefois ce dernier s'en serait-il tenu là, s'il n'avait eu contre la Russie un motif de haine qu'il nourrissait en secret, et que, pour son malheur et le nôtre, il ne parvint jamais à vaincre. C'était le refus qui lui fut fait de la princesse Anne Paulowna, sœur d'Alexandre, à qui Savary fut de sa part la demander pour épouse. Quand on pense que Napoléon était à cette époque le plus puissant prince de l'Europe, il est juste de dire qu'un affront aussi sanglant pouvait bien enfoncer dans son cœur une haine éternelle. Lorsqu'il apprit par les journaux anglais que l'impératrice douairière avait osé répondre à sa demande qu'elle enterrerait plutôt sa fille toute vive que de la donner à l'assassin du duc d'Enghien, ce fut de sa part une fureur sans exemple, quoiqu'il s'efforçât de la concentrer en lui-même : « Ah ! monsieur mon frère, vous souffrez que votre mère me refuse sa fille aujourd'hui ! Vous oubliez donc que j'ai été en mesure de vous mettre si bas, si bas, que vous m'auriez envoyé votre sœur par la poste, si je vous l'avais demandée ? Mais j'ai fait une sottise, je pouvais vous prendre vous et votre armée : mais patience ! »

Beaucoup de gens ont pris en mauvaise part et à la lettre l'expression dont Napoléon se servait. Cependant elle était souvent de sa part une preuve d'estime et d'affection. Au lieu de le condamner, il eût été plus juste d'apprécier le ton qu'il mettait dans l'expression qu'il hasardait, et surtout pourquoi il se la permettait. Le général Lassalle s'étant formalisé de ce qu'il l'avait appelé mauvais sujet, il lui dit quelques jours après, « *Général, je t'aimais assez pour prendre cette liberté-là avec toi. Ne crains rien, désormais je te traiterai plus respectueusement.* »

Lassalle sentit toute la force de ces mots, et en brave et franc militaire, il fit sa paix en disant : « *Sire, j'étais probablement d'une stupidité sans bornes, le jour où je pris en mauvaise part une expression qui me prouvait que votre majesté me traitait sans façon, comme un enfant de la famille.* »

M. de Las-Cases savait mieux que personne que Napoléon ne hasardait ces familiarités qu'avec les gens qu'il affectionnait. Se trouvant un jour en opposition de sentiment avec l'empereur, celui-ci lui dit : « *Allons, mon cher, vous êtes un niais. Ne vous fâchez pas de l'épithète, je ne la prodigue pas à tout le monde;* elle est toujours de ma part un brevet d'honnête homme. »

Quand on apprit que Napoléon avait obtenu pour épouse une princesse du sang d'Autriche, une petite nièce de Marie-Antoinette , l'imagination du public rétrograda sur le passé. On se souvint des milliers de victimes qui périrent à la mort du dauphin, depuis l'infortuné Louis XVI. On récapitula tout ce qui fut reproché à sa malheureuse épouse; enfin on n'attendit rien de bon de la nouvelle venue. Les événemens ont prouvé que le vulgaire a quelquefois de justes pressentimens.

Les courtisans de Marie-Louise ont toujours flatté son portrait. Elle avait ce qu'on appelle la beauté de la jeunesse, beaucoup de fraîcheur, des cheveux blonds tirant sur le fade , des yeux bleus peu animés, la démarche indolente et l'air embarrassé.

Joséphine était l'art et les grâces person-
nifiés, Marie-Louise l'innocence et la nature,
mais cette nature calme, sans vivacité et
sans élan.

Napoléon chérissait dans sa nouvelle épouse
sa jeunesse, le sang dont elle était issue, et
par-dessus tout cela la mère de son fils. Napoléon aussi trouva dans les bras de l'archiduchesse certains plaisirs qui lui parurent
piquans, seulement parce qu'il n'en avait
point encore éprouvé de pareils.

Sous un extérieur nonchalant, fatigué,
plein de mollesse et d'abandon, et le plus
souvent empreint d'ennui, Marie-Louise était
née pour les caresses de l'amour. Les
étreintes d'un mari lui sont d'une nécessité
absolue. Aussi l'archiduchesse d'Autriche,
l'épouse de Napoléon-le-Grand, empereur
des Français, roi d'Italie, protecteur de la
confédération du Rhin, et médiateur de la
confédération Suisse, s'est-elle empressée
d'épouser *un soldat autrichien*.

Si du haut du céleste séjour l'ombre de
Napoléon a pu percer jusqu'à l'autel où la
mère de son fils s'oublia si étrangement,
certes elle a dû frémir et frémit encore : si

Joséphine habite à côté de lui , combien de fois doit-il lui dire : « Douce amie que j'ai quittée alors même que j'aurais dû vous adorer, ce n'est pas vous qui eussiez ainsi manqué à ma mémoire ! »

———

A l'époque du mariage de Napoléon avec Marie - Louise , seize cardinaux refusèrent d'assister à la bénediction du mariage religieux. Le lendemain 3 avril, ils ne craignirent point de se présenter aux Tuileries pour être admis à faire leurs révérences à leurs majestés. L'empereur était au salon quand M. de Ségur vint les annoncer. Son indignation fut au comble. « Je leur avais pardonné leur refus, dit-il, parce que je me souciais fort peu de leur présence ; mais leur effronterie d'aujourd'hui ne mérite aucun ménagement. Allez leur dire qu'ils aient à se retirer sur-le-champ, et que je leur défends de paraître en public avec la marque distinctive de leur état. »

Le lendemain de cette scène, les cardinaux qui avaient des évêchés furent obligés de s'en démettre, et le traitement de 3o,ooo fr. que

Napoléon leur faisait payer fut supprimé.

« J'ai fait une grande faute, disait-il à ce sujet, c'est d'avoir trop restitué d'éclat au sacerdoce. J'ai relevé une puissance qui veut dominer la mienne ; si je n'y mets ordre, elle me mettra la corde au cou, et je languirai le plus malheureux des monarques entre la crainte de l'enfer et le mécontentement de mon peuple. »

L'empereur redoutait et désirait tout à la fois le jour où son épouse lui donnerait un enfant. Il était presque certain qu'elle n'aurait point le courage physique propre à soutenir de grandes douleurs. Le travail dura vingt-six minutes. Napoléon ne put y rester plus de cinq. Il se retira chez lui pâle comme la mort et comme hors de lui. « Quel moment, dit-il à Berthier ! *l'impératrice*, *l'enfant*, *tout y passera, et mes plus belles espérances.* Il prononçait ces derniers mots, lorsqu'un page vint lui dire que Dubois le priait de descendre. — L'impératrice est morte, s'écriat-il avec une espèce de terreur ? — Non, Sire, mais Dubois voudrait que votre présence soutînt le courage de l'impératrice. — Du courage, il ne sait pas que j'en manque moi-même. — Allons, Sire, lui dit alors Berthier, montez-vous à la hauteur du moment. — Oui, vous avez raison ; je vous remercie. » — Pourquoi me faites-vous venir, demanda-t-il à Dubois? — Sire, je désire que vous y soyez présent. » L'empereur vit bien que Dubois n'avait point son assurance accoutumée. Il se décida à rester pour lui rendre la fermeté si nécessaire en pareil cas. — « L'accident que vous prévoyez est-il un cas inconnu jusqu'à ce jour? — Non, Sire, j'en ai vu maintes et maintes fois de semblables. — Hé bien ! faites dans celui-ci comme vous avez fait dans tous les autres. Prenez votre courage à deux mains, et supposez que vous n'accouchez pas l'impératrice, mais bien une bourgecise de la rue Saint-Denis. »

Paris se ressouviendra long-temps des cent un coups de canon qui lui annoncèrent la naissance de l'héritier du trône. Au vingt-deuxième coup le jardin des Tuileries retentit des cris de joie de la multitude. Napoléon, placé derrière un rideau d'une des croisées de la chambre de l'impératrice, jouissait du spectacle de l'ivresse générale. Il courut au lit de sa jeune épouse, l'embrassa tendrement, et lui dit : *Maintenant, mon amie, il ne tient qu'à vous de vous faire adorer des Français. Aimez les bien; c'est le chemin de leur cœur.* » Quand on se reporte à ce beau jour, et qu'on pense que cette impératrice du plus puissant empire du monde est aujourd'hui l'épouse d'un soldat allemand, que son fils est prisonnier chez son grand-père, et que Napoléon puissant monarque, époux et père, est mort sur un rocher, dans une île à peu près déserte, et loin des objets de son affection, on est tenté de croire que tout cela était écrit de toute éternité.

Le lendemain de l'accouchement de Marie-Louise, une jeune femme eut l'heureuse et singulière idée d'adresser une pétition *au roi de Rome*. Chargée de famille et veuve d'un guerrier mort au champ d'honneur, elle réclamait une pension. Cette pétition fut por-

tée à l'empereur, que la singularité de la
demande amusa beaucoup. Il se rendit avec
ses principaux officiers au berceau de son
fils, il lui lut la pétition à haute voix, et dit,
après un moment de silence et un baiser
donné au nouveau né : — « *Qui ne dit rien
consent.* » Et la pension fut accordée au milieu de la satisfaction générale.

———

Les maires des principales villes de l'empire assistèrent au baptême du roi de Rome.
Celui de Hambourg apercevant celui de
Rome, lui dit en souriant et lui prenant la
main : « *Bonjour, voisin.* » Cette plaisanterie fit beaucoup de plaisir à l'empereur,
qui trouvait son compte à faire croire que
son gouvernement, quelque étendu qu'il
était, n'en avait pas moins la force et l'unité
d'action propres à en lier toutes les parties.

———

Au dire de bien des gens, Marie-Louise
avait un excellent caractère. Cependant il
est de notoriété publique qu'elle était exces-
sivement jalouse de Joséphine. Elle ne pou-

vait souffrir tout ce qui avait quelque rap
port avec celle dont elle occupait la place.
Elle différait en cela de la première épouse
de Napoléon. Celle-ci ne cessa de faire des
vœux pour son bonheur, et de lui souhaiter
toutes les qualités nécessaires pour se faire
aimer de l'empereur. « Ces vœux de sa part,
disait M. Deschamps, secrétaire de ses com-
mandemens, elle les faisait du plus profond
de son cœur, et ne pensait qu'aux félicités
de l'ingrat qui l'avait répudiée. »

Tant de vertus manquaient à Marie-Louise,
qui se croyait détestée de sa rivale. Lorsqu'elle apprit qu'aussitôt après la naissance
de son fils, l'empereur avait envoyé un page
à Navarre en porter la nouvelle à Joséphine,
elle essaya de faire sentir à son époux qu'elle
était mécontente de son attention pour une
femme à laquelle il n'appartenait plus. « Ce
n'était pas la peine, lui dit-elle un jour, de
tant se hâter pour lui porter une nouvelle
que la voix publique ne lui aurait que trop
tôt apprise. Croyez-vous qu'intérieurement
elle ne déteste pas la mère et l'enfant? » L'empereur, étrangement surpris d'un pareil propos, lui répondit avec vivacité : — « Madame,

vous ne connaissez point Joséphine, vous lui prêtez des sentimens affreux. Détester mon fils et sa mère quand elle sait que l'un et l'autre font ma joie et mon bonheur ! Non, Madame, non ! elle en est incapable ; c'est la bonté même, et ses vœux les plus doux seront toujours pour ceux qui feront ma prospérité.» L'impératrice, craignant de s'être par trop oubliée, versait des larmes, et voulut s'excuser sur l'excès de sa tendresse pour son époux. « Si je vous ai affligé, lui dit-elle en lui tendant la main, n'en accusez que mon amour et jamais mon cœur. » L'empereur l'embrassa et la pria de rendre plus de justice à Joséphine, ou plutôt de ne jamais lui en parler.

Bonaparte n'était certainement point prodigue, mais il aimait que chacun fît les choses suivant son rang. La lésinerie de sa mère, portée quelquefois jusqu'à la vilénie, le désespéra en maintes occasions. Il lui avait monté un train de maison digne de la mère de tant de têtes couronnées. Ayant appris qu'au lieu d'acheter un confessionnal, elle en avait emprunté un au curé de la paroisse, il lui en fit de très-vifs reproches, l'invitant à renvoyer le confessionnal ou à le payer sur-le-champ, sinon qu'il y pourvoirait à ses dépens à elle. Cette dernière menace produisit son effet. Le confessionnal fut rendu.

Si la cour de Rome eut souvent à se plaindre de Napoléon, lui-même n'eut pas toujours à s'en louer. A l'époque de ses dissensions avec Pie VII, ce dernier crut pouvoir s'en venger en lançant contre lui les foudres du Vatican, foudres usées et furieusement tombées en discrédit. Napoléon y fit à peine attention. La France ne s'en aperçut pas.

L'abbé d'Astros, nommé grand-vicaire capitulaire de l'archevêché de Paris, attendu la vacance du siége, fulmina secrètement la bulle d'excommunication à la porte de Notre-Dame, en présence d'un petit nombre de chanoines, de la discrétion desquels il se croyait sûr. Des copies du bref papal n'en circulèrent pas moins dans la capitale. Le surlendemain il y fut même imprimé clandestinement, sans que le comte Portalis, directeur général de l'imprimerie, n'y mît la moindre opposition, quoiqu'il en eût été bien et dûment informé. Il ne voulut pas même en rendre compte à l'empereur. Ce fut le duc de Rovigo, ennemi secret de Portalis, qui le premier mit sous les yeux de Napoléon un exemplaire du bref d'excommunication. Il le lut en entier et le fit porter sur-le-champ à la garde-robe par un de ses pages. C'était de sa part à n'en pas revenir. Il ne pouvait concevoir que l'évêque de Rome eût dans la capitale de l'empire des partisans assez audacieux pour y exercer un acte d'autorité au préjudice de l'honneur et de la toute-puissance du souverain. « *Quoi*, disait-il, *j'ai planté mes aigles sur toutes les capitales de l'Europe, et un prêtre que je puis mettre sous les verroux osera me faire insulter par mes propres sujets qu'il croit les siens! ah! c'est impossible! c'est révoltant! qu'on aille chercher Portalis.* » Portalis arrive. — Savez-vous ce qui s'est passé il y a trois jours à Notre Dame? — Oui, Sire, — Ah! vous le saviez, et vous ne m'en avez pas instruit! On m'avilit publiquement, et vous gardez le silence! On a l'audace de publier dans ma ca-

pitale une bulle d'excommunication contre
moi, et vous ne faites pas jeter dans un ca-
chot, pieds et poings liés, le téméraire qui a
eu cette insolence! — Sire, je craignais d'é-
bruiter.... — Vous deviez me consulter. Retirez-vous; vous n'êtes qu'un sot, et peut-être
pis.

———

Savez-vous, disait M. de Montmorency, la
cause pour laquelle l'abbé de Pradt a tourné
casaque au gouvernement absolu? Un rien,
une phrase de Napoléon, qui a dit : « J'ai
fait deux fautes en Pologne : celle d'y en-
voyer un prêtre, et de ne pas m'en faire roi. »
Notre archevêque ne le lui a jamais pardonné.

———

Certaine classe d'hommes n'aimaient pas
Napoléon, qu'ils accusaient de leur avoir ôté
leur pain, et cependant l'empereur était on
ne peut plus étranger au fait qu'on lui impu-
tait, et qu'il n'apprit que par le plus grand
des hasards. Voici l'anecdote.

Par une belle matinée de printemps, l'empereur, coiffé et vêtu de manière à n'être pas

reconnu , alla visiter les nouvelles construc-
tions de la halle aux vins. Il n'avait avec lui
que le maréchal Duroc qui conduisait un cabriolet sans armoiries, et derrière lequel était
un valet.

Après avoir visité tout ce qu'il désirait voir,
Napoléon revenait à pied tout en causant
avec le maréchal. Le cabriolet suivait à quelque distance. Tout à coup il entend prononcer son nom. Fronçant alors le sourcil
avec un air de mécontentement, et croyant
être reconnu, il se retourne et cherche qui
pouvait l'avoir nommé. C'était un mendiant
aveugle qui , bien éloigné de se croire près
de Napoléon , en jasait avec une femme qui
lui servait de guide.

Extrême en tout , l'empereur voulut savoir
quelle part il pouvait avoir dans la conversation de ces deux individus ; il fait approcher
son cabriolet , monte dedans avec Duroc, et
commande à son domestique de se lier avec
l'aveugle afin de savoir quel était l'objet de
leur conversation. Le domestique s'acquitta
fort bien de sa commission. Voici ce qu'à son
retour il raconta au maréchal.

« La classe mendiante maudit journellement l'empereur qui, je le pense bien, est loin de s'en douter, et voici pourquoi. Tout ce qui mendie en France, et surtout à Paris, l'accuse en secret d'avoir introduit le système décimal, et par conséquent les centimes, ce qui, selon les mendians, leur cause un notable dommage, qu'ils expliquent de la façon suivante :

« Depuis l'émission des centimes, beaucoup de personnes, et principalement dans les classes marchandes, ne donnent à chaque pauvre qu'un centime au lieu d'un liard, et souvent une pièce de deux liards qu'elles leur donnaient autrefois. Il est des mendians qui refusent le centime ou ne le reçoivent qu'avec répugnance. C'est alors que Napoléon, qu'ils supposent l'inventeur de cette monnaie, reçoit leurs étranges bénédictions. C'était de ce prétendu tort qu'il leur fait que s'entretenait l'aveugle et sa conductrice. »

L'empereur, à qui le rapport en fut fait, ne pouvait revenir de sa surprise. — « *Voyez*, disait-il au maréchal Duroc, *si de toutes parts je ne suis pas calomnié? c'est un peu plus que du sceptre à la houlette. En vérité, je ne savais pas être l'auteur d'une baisse dans les recettes de ces messieurs. Savary et les siens sont loin de se douter de cela.* »

Il a fallu tout l'or des Anglais pour séduire les rois de Bavière et de Wurtemberg. La politique de ces princes liait naturellement leurs intérêts à ceux de Napoléon. Il les avait affranchis du joug de l'Autriche qu'ils supportaient difficilement. Il les avait faits souverains, titre qu'ils ambitionnaient depuis long-temps. Ils donnaient des leçons de valeur à leurs troupes, à la tête desquelles on le vit plus d'une fois; donc il a fallu tout le machiavélisme du cabinet de Saint-James, et Metternich pour organiser la défection de Leipsick.

Dans la campagne de 1809, l'empereur n'était souvent escorté que d'officiers au milieu des troupes de cette nation. Il affectionnait beaucoup le prince royal. En marchant sur Abensberg, le jeune prince, qui était à côté de lui, admirait son infatigable activité: « *Hé bien, prince royal,* lui dit l'empereur en lui frappant sur l'épaule, *voilà comme il faut être roi quand ce sera votre tour; et,* se tournant vers les officiers bavarois : *ces messieurs vous suivront toujours avec plaisir. Autrement, si vous restez chez vous, tout le monde ira se coucher. Alors, adieu l'Etat et la gloire.* »

———

La nomination de Savary au ministère de la police fut réellement un jour de deuil pour les deux tiers de Paris. Ses antécédens n'étaient pas de nature à rassurer les esprits. Depuis long-temps on le croyait initié aux exploits de la police. Une foule de gens ne rêvaient qu'exils, emprisonnemens, et pis encore : c'était une calamité. Ces craintes du public parvinrent aux oreilles de l'empereur, qui répondit : « *Il n'est pas nécessaire qu'un ministre de la police soit aimé. Il ne conviendrait pas non plus à ma politique et à ma position qu'il fût trop à cheval sur la probité.* » De pareils aveux n'ont pas besoin de commentaires.

———

L'empereur ne pouvait point tarir sur la vertu et les grandes qualités de la princesse

Catherine de Wurtemberg, épouse de son frère Jérôme. Informé que les plus mauvaises mœurs régnaient à la cour de Cassel, il ne cessa de témoigner au roi de Westphalie qu'il ressentait les chagrins de la reine comme les siens propres. Il fit menacer de toute sa colère et même de châtiment les personnes qui poussaient le prince aux plaisirs illicites et tout-à-fait indignes de son rang. Pigault-Lebrun n'était pas un de ceux que ces menaces regardaient le moins. Jérôme cependant continuait son train de vie que son intéressante épouse feignait toujours de ne point apercevoir. Napoléon, furieux par l'intérêt qu'il portait à la reine, écrivit une lettre fulminante à son frère. Entre autres choses fort dures qu'il lui disait, on remarquait ces mots : « Qui étiez-vous ? qui êtes-vous encore pour mériter cette princesse toute royale ? Accusez moi de tyrannie, j'y consens. Tant qu'il y aura de l'honneur et de la justice sur la terre, on ne me fera point un crime d'employer mon pouvoir à protéger une femme non moins recommandable par ses vertus que par son rang. » La conduite que tint cette princesse après la chute de son époux, a prouvé que Napoléon ne lui rendit que la justice qu'elle méritait.

Napoléon disait : « De tous les ordres créés, anciens et modernes, il n'en est pas qui aient autant rapporté à ceux qui les instituèrent que l'ordre de la légion d'honneur. C'est mon ouvrage , c'est mon chef-d'œuvre ; personne ni dans le présent ni dans l'avenir ne peut m'en disputer la gloire ; je lui dois une partie de mes triomphes. »

Napoléon n'avançait rien là qui ne fût très-vrai. L'espoir d'obtenir la croix a enfanté des actes de valeur incroyables, et encore ne sont-ils pas tous connus. En voici un que racontait avec plaisir le chef d'escadron M. Piéton. « Dans la nuit , dit-il , qui précéda la bataille d'Austerlitz, un de mes brigadiers paria sa montre avec un de ses camarades que le lendemain il gagnerait la croix d'honneur. En effet, dans une charge brillante contre des forces supérieures , il s'enfonça dans les escadrons ennemis, tua cinq hommes de sa main , et enleva une enseigne. Il était tout couvert de sang , principalement à la figure, dont on ne lui voyait plus les yeux. Comme il rentrait au régiment qui s'était reformé en arrière, l'empereur le rencontra et lui dit : « *C'est assez pour ta part, mon ami; va te faire panser.* » S'essuyant alors la figure avec le drapeau qu'il venait de prendre, le brigadier répondit à l'empereur : « *Je ne suis pas blessé, Sire; ce n'est pas mon sang, c'est celui des autres.* » Charmé de la vivacité de cette réponse, Napoléon lui dit : « *Je te fais maréchal-des-logis et je t'accorde la croix.* » Ce qu'il y eut de particulier dans cette affaire, c'est qu'à l'instant où le brigadier était ainsi récompensé, le camarade avec lequel il avait parié sa montre, arriva blessé d'un coup de pistolet que lui avait lâché un officier général qu'il amenait prisonnier, et qu'il présenta à l'empereur. « *Encore une croix d'honneur*, dit Napoléon en riant; *si cela continue, il faudra supprimer l'ordre ou décorer toute l'armée.* » La bataille finie, il fallu savoir à qui resterait la montre d'or pariée contre cinquante écus. « Nous n'avons pas parié à qui aurait la croix d'honneur, disait le brigadier; j'ai seulement parié que je la gagnerais. Je l'ai gagnée; donc les cin-

quante écus m'appartiennent. «— Ne crie pas
tant, lui dit le blessé, les voici. » Le brigadier l'arrêtant aussitôt : « Tu ne vois pas,
imbécille, que je plaisante. Garde ton argent; tu es blessé, tu en as plus besoin que
moi; garde aussi ma montre; dans ces hôpitaux on est si mal! » J'aurais volontiers,
ajoutait M. Piéton, embrassé ces deux braves.

Voici, au sujet de la légion d'honneur, un
document précieux et qui voit ici le jour pour
la première fois. Il est de M. le baron de
Pommereuil, directeur de la librairie sous
l'empire.

« Lorsque, peu satisfait de la toge consulaire, Napoléon voulut ceindre le bandeau
des rois, il récapitula sagement les obstacles
multipliés qu'il aurait à vaincre; il conçut le
projet de se rallier toutes les classes; ce fut
l'origine de la légion d'honneur.

» Cette institution sans exemple embras-
sait tous les genres de gloire et de mérite.
Lorsqu'elle sortit vierge du cerveau de son
auteur, elle était le chef-d'œuvre de l'ambition et de la politique. Elle créa presque
aussitôt des prodiges et des héros. Ce n'était
point une institution mesquine réservée à

quelques privilégiés , une institution dont les faveurs et les titres étaient le partage exclusif des classes qui approchent le trône, ou de ceux qui par le sang tiennent à ces classes. Si quelques membres pourris s'y glissèrent, c'est que ce malheur est inhérent à toutes les institutions humaines. Toujours reste-t-il que le but de la légion d'honneur fut atteint dans toute sa généralité. Si quelquefois l'ambition et la politique de son chef en jetèrent le cordon dans les antichambres, c'était une tache dans le soleil. La valeur et le genre de mérite qui furent honorés de la croix n'eurent point à souffrir de ces irrégularités.

» Napoléon avait besoin de s'approprier les sentimens , les suffrages, les talens et la valeur de toutes les classes. La croix d'honneur alla chercher le guerrier, le prêtre, le magistrat , l'homme de lettres, le négociant, l'artisan , et même le simple manœuvre. Quelle profondeur de pensée! Jamais la politique n'avait creusé plus avant. Cette immortelle institution manquait à César. Si ce grand homme l'eût conçue, il n'eût point expiré sous le fer d'un Romain et dans Rome. Cuirassé de cette institution, jamais Napoléon ne tombera sous le poignard d'un Français en plein sénat.

» En élevant son édifice sur des bases solides, l'honneur et la vanité humaine, l'habile constructeur n'oublia pas les intérêts domestiques des plus petites classes, seul moyen de les enlever aux vieilles affections de la république. C'était là le comble du génie dans un souverain d'un jour et chez un peuple qui avait laissé périr son roi légitime sur l'échafaud. De brillans emplois lui avaient donné les Français de première classe; la croix d'honneur lui acquit d'intrépides soldats dont il avait besoin plus que d'autres choses.

» Si le cœur d'un simple soldat, naguère pauvre ouvrier, palpite à la vue d'une décoration attachée sur son sein, cette décoration acquerra un centuple de valeur à ses yeux sitôt qu'une pension annuelle en sera le complément. C'est ce qu'avait prévu Napoléon, en affectant deux cent cinquante francs de pension à la croix d'honneur. Avec de semblables inspirations on va loin.

» Il faut quelque noblesse dans l'âme, quelque éducation, pour sentir tout le prix d'une distinction purement honorifique : mais deux cent cinquante francs de pension viagère sera toujours un puissant véhicule pour l'homme le plus ignare, le soldat le plus stupide. Il sautera par-dessus trois rangs de ses camarades morts pour aller mériter cette croix et cette pension au milieu des bataillons ennemis. Et cette arme que lui portera le factionnaire devant lequel il passera ! Ce mouvement, ce bruit, iront droit au cœur de l'homme, quel qu'il soit. Doucement ému, il se dira : « Je suis un brave, ce factionnaire vient de le dire aux passans. »

» Napoléon doit nécessairement être orgueilleux de son institution. Elle a rempli l'Europe de prodiges militaires. L'amour de la patrie n'a rien fait de plus chez les Grecs et les Romains. — *Je me ferai mettre en croix pour avoir cette croix*, disait M. Bostmontbrun, capitaine au 52ᵉ régiment. Ce jeu de mot est digne de l'antiquité.

» L'ordre de la légion d'honneur l'emporte sur tous les autres, en ce qu'elle tourne à la gloire de l'Etat et au profit du citoyen. L'homme à peu près aisé jouit d'une certaine considération avec la croix d'honneur, qui lui facilite l'obtention d'un emploi. Deux cent cinquante francs de pension sont pour le soldat retiré dans ses foyers une espèce de dot, à l'aide de laquelle il peut faire, dans son genre, un bon mariage. Deux cent cinquante francs de pension dans certains cantons de la France sont une petite aisance. »

L'empereur avait les plus grands égards pour quelques-uns de ses anciens serviteurs. Le maréchal Lannes était un de ceux dont il souffrait les écarts avec le plus d'indulgence. Un jour qu'il avait fait inutilement de vives instances à Napoléon pour l'engager à n'admettre près de lui aucun émigré, il finit par s'emporter, et le tutoyant, comme il le faisait quelques années auparavant : — *«Tu n'en veux faire qu'à ta tête*, lui dit-il, *mais tu t'en repentiras, ce sont des traîtres ; tu les combleras de bienfaits, et ils t'assassineront s'ils en trouvent l'occasion.* » L'empereur ne se fâcha point de cette impétuosité. « Maréchal, lui dit-il, la colère vous égare ; les émigrés me serviront bien et ne comploteront pas. »

Napoléon aimait quelquefois à se venger, même des propos peu respectueux que certains individus se permettaient sur son compte. Mais de toutes les vengeances qu'il se permit, celle qui suit n'est pas certainement la moins comique et la moins complète.

Informé par sa police particulière que mademoiselle Bourgoing, jolie actrice des Français, s'était oubliée jusqu'à se permettre des mots indiscrets à son égard, il imagina de s'en venger d'une manière toute particulière.

Dans cette aventure, le ministre Chaptal devint l'objet d'une mystification très-plaisante. Il entretenait cette actrice, et avait la faiblesse d'en être jaloux. Napoléon, qui travaillait la nuit comme le jour, envoya un soir, à onze heures, ordre à M. Chaptal de se rendre sur-le-champ aux Tuileries. Le page, porteur de la lettre, apprend en arrivant chez le ministre qu'il n'est pas chez lui, mais qu'on le trouvera probablement chez mademoiselle Bourgoing. Il s'y rend aussitôt, lui fait remettre l'ordre de sa majesté, et revient rendre compte de la manière dont il

s'est acquitté de sa commission. M. Chaptal,
déjà couché, se lève promptement, reprend
ses habits et ses cordons, et se rend aux
Tuileries.

A peine est-il parti qu'on frappe à coups
redoublés à la porte de mademoiselle Bourgoing. Elle croit que c'est le ministre qui revient, et elle cherche s'il n'a rien oublié.
Mais on lui présente une lettre apportée par
un page de l'empereur. Elle l'ouvre avec une
agitation dont elle peut à peine se défendre,
et lit avec peine ces mots mal écrits, tracés
de la propre main de sa majesté. « Vous vous
rendrez sur-le-champ aux Tuileries.

Napoléon. »

Elle s'habille avec autant de soin que le lui
permet la nécessité d'obéir promptement à
cet ordre, fait mettre ses chevaux à la voiture, et se rend au palais des Tuileries.

Pendant ce temps, l'empereur entretenait
son ministre de divers décrets, lui faisait
prendre des notes et rédiger des projets. Tout
à coup entre un page et dit : « — Cette dame
est arrivée, Sire. — Faites entrer, répond
l'empereur. » M. Chaptal jette les yeux du

côté de la porte pour voir quelle est la visite nocturne que l'empereur allait recevoir. Il reconnaît mademoiselle Bourgoing. La plume lui tombe des mains , il reste la bouche et les yeux ouverts , comme pétrifié. Cependant l'actrice s'avance vers l'empereur, et lui dit avec respect qu'elle se rend aux ordres de sa majesté. — Passez dans cette chambre , dit Napoléon , sans daigner la regarder , en lui montrant une porte opposée à celle par laquelle elle était entrée ; *couchez-vous , et attendez-moi.* »

Elle disparaît , et le pauvre M. Chaptal est obligé de reprendre la plume et de passer à travailler deux heures qui lui parurent deux siècles. Enfin l'empereur se lève , sonne un valet de chambre, et lui dit : «Allez dire à la Bourgoing qu'elle s'habille et se retire. M. Chaptal fut ensuite congédié. Il avait passé deux cruelles heures dont le dénouement le consola. Mais mademoiselle Bourgoing en fut cruellement mortifiée, et prétendit qu'elle avait reçu un affront sanglant.

·La mémoire de M. de Gaulincourt se dé-
battrait en vain contre la participation qu'il a
prise au meurtre du malheureux duc d'Enghien. Un fait, dont on peut garantir l'authenticité, lève tous les doutes à cet égard.
La jeune Hortense, après avoir fait les plus
vives instances pour obtenir que le prince ne
fût point mis à mort, dit à Napoléon que cette
mort déshonorerait éternellement M. de Gaulincourt, qui, ayant été le compagnon d'enfance du prince, et devant tout à la maison de
Condé, avait été l'arrêter en pays étranger.
« Que ne m'en a-t-il informé, répondit Napoléon, j'aurais donné cette commission à
un autre ? »

Le ministre de la police, duc de Rovigo,
qui n'aimait que plaies et bosses, et qui de
sa propre volonté faisait espionner toute la
cour, depuis les marmitons jusqu'aux princesses, vint dire à Napoléon que la duchesse de Bassano avait des intrigues amoureuses. — « Ma foi, s'écria-t-il, son empesé
mari le mérite bien. Je me fais un véritable
plaisir de le persiffler. » En effet, le même

jour Napoléon dit à M. Maret : « *Eh bien !
duc, votre femme a donc un amant ? — Je le
sais, Sire. — Et qui vous l'a dit ? — Elle-
même, Sire, c'est pourquoi je n'en crois
rien.* » L'empereur, déconcerté de cette réponse, se frappa le front avec la main en s'é-
criant : « *Oh! ces femmes ! sont-elles fines !
sont-elles adroites !* »

Napoléon rapporta à Savary la réponse que
le duc de Bassano lui avait faite. — «Le fait
n'en est pas moins vrai, répondit Savary. Mes
agens qui suivaient la duchesse l'ont vue,
mercredi dernier, quitter sa voiture aux
Champs-Élysées, s'enfoncer sous les arbres,
s'y promener quatre à cinq minutes, après
quoi elle entra par une petite porte qu'on
tenait ouverte à dessein, dans une maison où
l'attendait un des généraux de votre majesté.
« — Je sais tout cela, reprit l'empereur, et
même avant vous ; mais ce que vous ne me
dites pas, c'est qu'un quart-d'heure après
elle fut suivie dans cette même maison par
une autre dame qui allait y rejoindre l'aide-
de-camp de ce même général. — En effet,
mes agens m'ont parlé de cette dame, qu'ils
n'ont pu reconnaître parce qu'elle portait un

voile. Vous a-t-on dit, Sire, qui elle était?
— Oui; *c'était votre femme.* » On peut juger
si le duc de Rovigo fut mystifié.

———

Napoléon ne ménageait pas l'argent quand
il s'agissait de soutenir l'éclat du trône et
de représenter dignement devant l'étranger.
Dans son domestique c'était autre chose. Il y
voulait de l'ordre. Il dépensait en prince, et
n'aimait pas plus à prodiguer qu'un simple
particulier. Il y a loin de là à l'avarice de sa
mère.

Un jour qu'il déjeûnait chez l'impératrice
avec l'impératrice, il demanda à une des
dames qui y assistaient ce que pouvait coûter
un pâté chaud qui était sur la table : — Douze
francs pour votre majesté, répondit-elle en
souriant, et six francs pour un bourgeois de
Paris. — C'est donc à dire que je suis volé,
reprit Napoléon? — Non, Sire, mais il est
assez d'usage qu'un roi paie plus cher que
ses sujets: — C'est ce que je n'entends pas,
s'écria-t-il, et j'y mettrai bon ordre. Puis se
radoucissant; il est certain, dit-il en riant,
que le métier de roi est le mieux payé; mais

c'est que, dans ce siècle, il est devenu diablement difficile.

———

Une bonne épouse, une excellente mère de famille, était aux yeux de Napoléon ce qu'il y avait de plus estimable sur la terre. Voici à l'appui de cette assertion un trait charmant inédit jusqu'à ce jour, et d'autant plus authentique, qu'il a été donné par la famille même où le fait s'est passé.

Il arrivait souvent à Napoléon d'entrer chez l'impératrice sans se faire annoncer. Un jour il la surprit les yeux pleins de larmes et tenant une lettre à la main. — Vous pleurez, je crois, Madame, lui dit-il avec la plus vive inquiétude ? — Ne craignez rien, Sire, lui répondit l'impératrice, ce sont de douces larmes que vient de m'arracher cette lettre.. Elle est de la sœur de mademoiselle B...er, l'une de mes femmes de chambre. La voici. L'empereur prit la lettre des mains de son épouse, la parcourut d'un bout à l'autre en témoignant de temps en temps le vif intérêt qu'il prenait à cette lecture.

Voici cette lettre d'après l'original :

(3o1)

« Plains - moi, chère Henriette, mon mari est décidément aveugle. Je suis au désespoir, mais je me garde bien de le lui faire sentir. L'infortuné n'a-t-il pas assez de son malheur. Encore au plus bel âge de la vie, et il ne jouit plus de la clarté du jour! Quelle perte, mon amie! Heureusement que je suis près de lui. Si je ne puis lui rendre l'organe dont il est privé, j'en adoucirai la perte par tout ce qu'il m'est humainement possible de faire. Henriette, j'apprends secrètement la musique. C'est Lannoy qui me donne des leçons. Il dit que j'ai les plus heureuses dispositions. Tu sais que mon jeune époux raffole de mon chant. Combien je vais agréablement le surprendre, lorsque je m'accompagnerai sur le forte-piano! Depuis son malheur, chère amie, il me devient plus cher. C'est un être sacré que j'adore, et au bonheur duquel je veux me sacrifier tout entière. Je ne me sacrifie point cependant. Non, chère sœur, je ne me sacrifie point, je trouve, au contraire, de véritables plaisirs dans l'accomplissement de mes devoirs. Plus ses privations sont grandes, plus je dois ajouter à ses jouissances. Je retrancherai de ma toilette pour avoir un mets ou deux de plus sur la table, je boirai, sans qu'il le sache, du vin ordinaire pour lui en servir de première qualité ; je me priverai des spectacles auxquels il ne peut prendre part, pour avoir plus souvent société chez moi. A l'aide d'un procédé fort connu, je l'ai mis en état de faire sa partie de piquet comme un autre ; il en est de même au domino qu'il joue de première force. J'oppose enfin à son accident tout ce qui peut le lui faire oublier. Mais ce qui m'afflige, c'est qu'il sent tout cela trop vivement. Parfois il m'attire à lui, me presse fortement dans ses bras, en me couvrant de baisers et de larmes. Je crains que cet excès de sensibilité ne lui soit nuisible. Gronde l'en bien, chère sœur, dans ta première lettre, sa mère la lui lira. »

L'empereur eut à peine fini de lire cette lettre qu'il embrassa son épouse à plusieurs reprises, en lui disant que les pleurs qu'elle avait données à cette lecture lui prouvaient de la plus douce manière qu'elle comprenait tous les devoirs d'une bonne épouse. Ne vous proposez-vous pas, ajouta-t-il, de faire quel-

que chose pour cette excellente femme ? —
Sire, jamais mademoiselle B....er ne m'a
rien demandé; mais si votre majesté me le
permet..... — Oui, sans doute, je vous permets d'aller au-devant du mérite et de la
vertu. Faites venir votre femme-de-chambre.
— Mademoiselle, vous avez là une bien digne
sœur. Il faut la faire venir à Paris avec son
mari, et nous verrons ensuite. — Sire, ils y
étaient l'an passé; mais la santé de mon beau-
frère ne s'accommodant point du climat, ma
sœur a préféré retourner dans sa province. —
Bien, très-bien, mademoiselle, voilà comme
on doit aimer son époux. Ecrivez à votre sœur
que l'impératrice lui fait trois mille francs de
pension sur sa cassette, et qu'elle lui envoie
le premier.trimestre. »

Si Napoléon comptait un grand nombre
d'aussi belles actions, on passerait plus aisément sur ses erreurs.

L'un des plus chauds admirateurs de madame de Staël disait, en présence de Napoléon, que cette femme réunissait tous les
genres de mérite. « Elle a probablement, ré-

pondit l'empereur, autant de courage que de savoir. — Je la crois, Sire, de caractère à faire tête au péril. — Et moi, je crois que vous parlez sans savoir. » Prenant alors une brochure qui était sur une console, il y lut tout haut ce qui suit :

« Madame de Staël voulut, en société de voyageurs, visiter le sommet du Mont-Blanc ; mais au moment de partir, la peur la prit. Les voyageurs la badinèrent sur son défaut de courage. Elle se trouva piquée et se mit en route avec eux. A peine eut-elle fait un quart de lieue que le cœur lui manqua ; elle se figura des dangers qui n'existaient que dans sa pusillanimité. On fut obligé de la reconduire à l'auberge de Chamouny. Il n'en fut pas de même de la servante d'auberge. Depuis long-temps elle désirait monter en société sur le sommet du Mont Blanc. Elle y gravit avec autant d'intrépidité que le plus hardi des voyageurs. Elle était résolue à mourir plutôt que de ne point mettre le pied sur la pierre posée pour immortaliser le voyage de Saussure au Mont-Blanc. « *Hé bien ! qu'en dites-vous du courage de la noble dame*, ajouta Napoléon, *la fille de l'auberge était une*

*maîtresse femme faisant honneur à son sexe;
et votre idole, une poule mouillée, qui fait de
l'esprit dans les livres.* »

On croit généralement que la malveillance
fut pour quelque chose dans l'incendie de la
salle de bal chez le prince de Schwartzem-
berg, en 1811. On donne pour raison que ce
prince était une créature dévouée à l'impératrice d'Autriche qui détestait Napoléon et
n'aimait guère Marie-Louise. On ajoute que
l'empereur conçut aussi des soupçons, et
qu'après avoir conduit l'impératrice aux Tuileries, il ne revint au lieu de l'incendie que
pour savoir à quoi s'en tenir. Quoi qu'il en soit,
voici des détails neufs sur cet événement toujours mal raconté jusqu'à ce jour. Ils sont
calqués sur les dires d'un témoin oculaire,
M. Brognart, architecte de la Bourse.

« L'ambassadeur d'Autriche donne une
fête à laquelle Napoléon et Marie-Louise doivent assister. Une immense salle de bal est
construite dans le jardin. L'édifice, qui ne
doit avoir qu'une nuit d'existence, réunit à la
plus grande légèreté l'élégance et le bon goût.

26

De jeunes ouvriers tapissiers, peintres et décorateurs, demandèrent comme une grâce au premier officier de l'ambassadeur, de se retirer à l'extrémité du jardin pour y jouir un moment du coup d'œil de la fête. Pour toute réponse, l'officier ordonne à l'intendant de faire sortir toute la *canaille*, doux mot qui fut répété jusqu'à satiété. En effet, tous les ouvriers, même ceux qui les avaient dirigés, furent brutalement mis à la porte. Quelques-uns d'entre eux, principalement ceux qui s'étaient endimanchés, s'écrièrent en propres termes : « Que le tonnerre brûle la salle et les coquins qui nous chassent d'ici. » Dieu qui probablement n'aime pas toujours qu'on insulte ses enfans, même les moins parés, ne tonna pas, il est vrai ; mais il permit qu'après l'arrivée de Napoléon et de son épouse, une bougie mit le feu à un rideau qui le communiqua en peu de temps à tout l'édifice. Tout le monde ignorait l'expulsion des ouvriers et les appelait à grands cris ; mais cette canaille d'hommes laborieux n'était plus là. Les invités, qui n'étaient point du tout *canaille*, ne surent point éteindre un rideau en feu, poussèrent les hauts cris, perdirent

la tête, et se culbutèrent les uns les autres
pour sortir au plus vite de cette salle em-
brasée. L'empereur conserva seul le plus
grand sang-froid ; et, comme le dit alors un
sapeur-pompier en termes à lui : « *Le petit
caporal, qui avait bien d'autres feux que
celui-là, prit doucement sa particulière
(l'impératrice) sous le bras, et sortit de là
au pas, tranquille comme Baptiste.* »

M. Girardin dit dans son livre que l'indif-
férence du peuple dans cette circonstance fut
tout-à-fait remarquable. Il ignorait probablement l'insultante expulsion des ouvriers
qui avaient communiqué leur mécontentement à bon nombre de voisins.

Quoi qu'il en soit, quelques domestiques
étaient parvenus à recruter de cette utile
canaille. Mais hélas ! il n'était plus temps.
Une excellente mère de famille, la vertueuse belle-sœur du prince Schwartzem-
berg, périssait victime de sa tendresse ma-
ternelle. Mère de huit enfans, et enceinte de
trois mois, elle s'aperçut qu'une de ses filles
lui manquait. Intrépide...., quelle mère ne
l'est pas ! elle courut la chercher parmi les
débris en feu. Atteinte par les flammes, elle

en fut dévorée. Quels tourmens ! brûlée vive ! Premier officier de l'ambassadeur, si tu n'eusses pas chassé l'honnête *canaille*, qui aurait facilement arrêté le feu, et donné des secours à tout le monde, la belle-sœur de ton ·maître n'eût point été réduite en charbons.

Bons cœurs, honorez cette dame comme sainte, mais avouez que l'officier qui chassa les ouvriers du jardin n'aurait pas volé cent coups de fouet.

Cet incendie, qu'aurait facilement comprimé des hommes façonnés au péril, compte encore bien d'autres victimes que la princesse. La tombe les a reçues en silence: C'étaient toutes femmes aux plus beaux jours de la vie. Le prince Kourakin qui, comme grand seigneur, ne sut point sauter par-dessus des chevrons embrasés, s'embarrassa dedans, fut cruellement brûlé en divers endroits, ce dont il souffrit beaucoup et long-temps. »

Dès l'année 1812, Joseph, roi d'Espagne, ne pouvait se dissimuler l'impossibilité de se soutenir sur le trône; il trouvait des résistances de toutes parts; les routes étaient couvertes de guérillas ; presque tous les jours , ses courriers étaient enlevés et les impôts ne se payaient plus ; enfin accablé de dégoûts , il prit le parti de remettre sa couronne à celui qui l'avait presque forcé à s'en saisir. Malgré ses conseillers qui lui disaient que l'empereur serait furieux de son abdication , il persista à la lui demander par cette lettre qu'il lui écrivit de Madrid le 25 mars 1812.

» Sire , les événemens ont trompé mes espérances. Je n'ai fait , je n'ai pu faire aucun bien en Espagne , et j'ai perdu tout espoir d'en faire à l'avenir. Je prie donc votre Majesté de me permettre de déposer entre ses mains les droits qu'elle daigna me transmettre sur la couronne d'Espagne , il y a quatre ans. Je n'ai jamais eu d'autre but en l'acceptant que de faire le bonheur de cette monarchie. Cela n'étant point en mon pouvoir , je dois céder cette honorable tâche à d'autres. »

Cette lettre que nous rétablissons ici dans toute son intégrité est fort peu connue. Elle fut interceptée par des guérillas qui se saisirent d'un de nos convois dans le défilé de Salinas. Joseph , en apprenant le sort de sa lettre , n'en écrivit point une seconde , résolu qu'il était à attendre ce que les événemens en décideraient. Malheureusement les insurgés espagnols la firent imprimer à Cadix. Un exemplaire en parvint à l'empereur, qui en fut affligé au-delà de toute expression. « Que je suis malheureux, s'écria-t-il! Je ne trouve dans ma famille qu'ingratitude, faiblesse et nullité de moyens. Je voulais ancrer ma dynastie sur les trônes de l'Europe, et tous, un seul excepté, ne sont pas capables d'administrer une préfecture. Que deviendraient-ils, que deviendrait l'empire, si je venais tout-à-coup à leur manquer? De quelle ressource seraient-ils pour la régente et mon fils? » Il y a dans ces épanchemens d'un monarque, alors le premier de l'Europe, quelque chose qui décèle les tourmens inséparables d'une grande ambition. « En s'exprimant ainsi, disait le prince de Neufchâtel, qui était présent, l'empereur eût pleuré, s'il eût eu le don des larmes. Il étouffait. »

———————

Dans tout ce qui était étranger à sa politique, l'empereur avait un fonds de probité qu'il serait injuste de lui disputer.

Une des dames du palais de Madame mère ne jouissait que d'une fortune médiocre, et son modique traitement n'y ajoutait pas grand' chose. Elle n'aurait pu, sans se gêner beaucoup, se procurer un cachemire qui, à cette époque, valait de 1200 à 1500 francs. Madame mère lui fit dire qu'il fallait qu'elle en eût un. Je ne le puis, répondit cette dame, je n'en ai pas le moyen. Quelques jours après, Madame mère lui montra un fort beau cachemire. Comment le trouvez-vous, lui demanda-t-elle? — Superbe, Madame, et d'une couleur distinguée. — Je suis charmé qu'il soit de votre goût, car il vous appartient. » La dame crut que c'était un présent que Madame mère lui faisait, et se confondit en remercîmens ; mais quelle fut sa surprise, lorsque le marchand qui avait vendu le cachemire vint le lendemain lui en apporter le mémoire. Elle refusa de payer et renvoya le cachemire. Le soir même, l'empereur apprit ce qui s'était passé. Il en fut d'autant plus affligé que cette dame, chargée de famille, jouissait d'un bonne réputation. Un page courut de sa part la chercher. Elle arriva toute tremblante, craignant d'avoir manqué à l'empereur dans la personne de sa mère ; mais elle ne tarda pas à être agréablement détrompée. — Madame, vous faites maintenant partie de la maison de la duchesse de Piombino, avec le double du traitement que vous aviez chez Madame mère. Duroc vous fera porter mille écus pour ajouter à votre toilette. »

L'empereur était à Rambouillet. La terre était couverte de neige. Il s'amusait à prendre des corbeaux à l'aide d'un stratagème assez plaisant : Des cornets de papier, enduits de glu à l'intérieur, étaient fichés çà et là dans la neige. Il y avait, au fond, de la chair de cheval ; les corbeaux, ainsi amorcés, venaient pour la manger ; c'était alors, qu'en enfonçant le cou dans le cornet, ils s'y prenaient la tête dans la glu. Ne pouvant s'en débarrasser et ne voyant pas clair, ils s'élevaient quelque peu en l'air, tournoyaient plus ou moins, et finissaient par tomber sans mouvement sur la neige. Napoléon prenait d'autant plus de goût à cet amusement, que l'impératrice y prenait beaucoup de plaisir. Un jour qu'il avait pris ainsi une vingtaine de corbeaux, qu'un garde avait ramassés et mis en tas, un jeune enfant de sept à huit ans, et de l'extérieur le plus malheureux, regardait d'un œil d'envie ces corbeaux amoncelés. « Est-ce qu'ils te font envie, mon petit bonhomme, lui dit l'empereur?—*Ah! Monsieur, si je les avions,* que ma mère ferait de bonne soupe. — Allons, prends-les. Garde, donne-lui ta carnassière pour les emporter. — La carnassière aussi, *Monsieur?* — Va pour la carnassière. » L'enfant partait avec sa charge, lorsque Napoléon l'arrêta et lui dit : Il te faut du bois pour faire cuire cela, peut-être n'en as tu pas? Tiens, voilà trois Napoléons, porte-les à ta mère. » Jamais bienfait ne fut mieux adressé ; c'étaient de pauvres gens dénués de tout, et nous étions au plus fort de l'hiver.

(Extrait des papiers du grand-veneur.)

Marie-Louise aussi faisait du bien quand elle en trouvait l'occasion. Par un beau matin d'été, elle fit une promenade au Jardin des Plantes, n'ayant avec elle que la duchesse de Montebello, le docteur Corvisart, M. Ballouhey, secrétaire de ses dépenses, et deux ou trois valets. Quelqu'un lui dit que l'épouse d'un des jardiniers, mère de six enfans en bas âge, était malade depuis long-temps, et dans le besoin. L'impératrice demanda de l'argent à M. Ballouhey, qui n'avait que quatre-vingts francs ; la duchesse et le docteur se fouillèrent ; enfin on réunit cinq cents francs, qui furent portés chez la malade par un des gens de Marie-Louise. C'était un jeune homme, qui eut la bassesse de ne remettre que deux cents francs sur les cinq cents qui lui avaient été confiés. M. Ballouhey eut connaissance de cette infidélité, et chassa le fripon.

Une des femmes de service auprès de Marie-Louise assurait que l'impératrice n'aimait pas son fils. Napoléon, disait-elle, en avait fait plus d'une fois la remarque. Un jour qu'il lui en faisait de doux reproches, elle lui répondit assez nonchalamment : « *Je n'ose pas y toucher, j'ai peur de lui faire du mal.* » Pareille crainte n'est point, à coup sûr, d'une mère qui chérit son fils. Il n'en est pas qu'une telle crainte priverait du doux plaisir de prodiguer des caresses à son jeune enfant. Si le fait est vrai, et nous le citons d'après une autorité respectable, M. de Beausset, préfet du palais; si le fait est vrai, disons-nous, il corrobore singulièrement l'assertion de la dame dont nous avons parlé.

Si Marie-Louise n'avait pas pour son fils toute la tendresse d'une bonne mère, il en était bien dédommagé par l'empereur, qui, dans toute la force du terme, l'idolâtrait. Ah! lui ne craignait pas de le blesser. Toutes les fois qu'il le rencontrait, il le prenait dans ses bras, l'élevait en l'air, le baissait jusqu'à terre, le ramenait sur son sein et le couvrait de baisers. L'enfant quelquefois riait aux éclats, tant il se plaisait aux bruyantes caresses de son père.

Napoléon était parti pour la malheureuse guerre de Russie, lorsque M. de Bausset fut chargé, par l'impératrice, de lui porter le portrait de son fils, peint par Gérard. M. de Bausset trouva l'empereur sous une tente au milieu de l'armée. Quoi qu'il fût prêt à livrer bataille, Napoléon ne voulut point différer l'ouverture de la caisse où ce portrait était renfermé. Il n'est donné à aucune langue de bien exprimer le ravissement de l'empereur à la vue du portrait de son fils. Ne pouvant le presser contre son cœur, il porta, dans un moment d'enthousiasme, ses lèvres, à plusieurs reprises, sur le tableau, sur la bouche et sur les lèvres de l'enfant. Son cœur palpitait avec violence, son front était resplendissant d'amour paternel, ses yeux exprimaient la tendresse la plus vraie et la mieux sentie. Il appela lui-même une foule d'officiers et de généraux. « *Messieurs*, leur dit-il, *si mon fils avait quinze ans, croyez bien qu'il serait ici au milieu de tant de braves autrement qu'en peinture.* » Il fit placer le portrait en dehors de sa tente, afin qu'officiers et soldats le vissent tout à leur aise. Ce portrait resta ainsi exposé toute la journée, et Dieu sait s'il y avait foule pour le voir. Tout le temps que l'empereur resta au Kremlin, le portrait de son fils resta dans sa chambre à coucher.

L'abbé d'Astros avait eu l'insigne témérité d'afficher sur la porte de Notre-Dame la bulle d'excommunication fulminée contre Napo-

léon. Quelque temps après, et pour se con-
former à l'usage, il fut obligé de se présenter
devant l'empereur, à la tête du chapitre mé-
tropolitain, pour lui offrir les complimens du
nouvel an.

Napoléon, étrangement surpris de cette
visite, s'écria : « Il n'était qu'un prêtre qui
fût capable de tant d'effronterie. » Et se portant brusquement à la rencontre de l'abbé,
il dit d'une voix menaçante : — « C'est donc
vous qui voulez allumer dans mes états le feu
de la sédition ? Qui trahissez votre souverain
pour exécuter les ordres d'un prêtre étranger ?
Je ne veux ni révolte, ni fanatisme, ni martyre..... Je suis chrétien..... chrétien comme
Bossuet, comme Fénélon, et non comme
l'infâme Grégoire VII. Je saurai soutenir ma
couronne contre ceux qui lui ressemblent.
Dieu m'a armé du glaive ; que vous et vos
pareils ne l'oublient pas ! »

L'abbé voulut répondre ; un geste impératif
de l'empereur l'obligea de se retirer.

Lorsque Napoléon fut rentré dans son cabinet, il réfléchit un moment, et dit : « Le sort
en est jeté ; ces soutanes sont en révolte, sé-
vissons. » Deux heures après, l'abbé d'Astros

fut arrêté chez lui et conduit à la Force. A compter de ce jour, le clergé fut entièrement perdu dans l'esprit de l'empereur. S'il eut continué de régner, l'encensoir aurait eu fort affaire.

———

Quoi qu'en ait dit le libelliste Gallais, qui ne mit jamais le pied dans l'intérieur des Tuileries, l'empereur y était rarement méchant et sévère. Il s'y montrait au contraire presque toujours aimable et indulgent pour ceux qui l'entouraient.

Chacun sait qu'il aimait beaucoup la chasse. Le prince de Neufchâtel, son grand-veneur, l'aimait aussi; mais il préférait chasser seu dans sa terre de Gros-Bois que de chasser avec l'empereur. Un jour que la chasse était commandée, Berthier vint au lever de Napoléon, qui lui demanda : Quel temps fait-il ? — Mauvais temps, Sire. — Et la chasse, comment ira-t-elle ? — Mal, car les chiens n'auront pas de nez. — Il faut la remettre à demain. »

L'ordre est donné, et sur les midi l'empereur vint déjeuner chez l'impératrice. Il faisait un très-beau soleil; ils conviennent de faire un tour à pied et d'emmener Berthier. Napoléon le fait demander, mais bientôt il apprend qu'il est allé chasser à Gros-Bois. Il rit beaucoup de la mystification que Berthier lui avait fait éprouver, se promettant bien de ne plus s'en rapporter à lui pour le temps.

———

Peu d'hommes ont été moins conséquens avec leurs principes que Bonaparte; peut-être avait-il ses raisons pour en agir ainsi; quoi qu'il en soit, rien n'était plus commun que de lui entendre dire : « L'impatience est un grand obstacle au succès. Celui qui ne craint point de brusquer les événemens ne cueille rien, ou ne cueille qu'un fruit vert qui ne mûrit jamais. » La sagesse en personne n'aurait pas mieux parlé; et cependant celui qui proclamait ce principe était le plus impatient des hommes, ne connaissant point les retards, et voulant tout enlever de vive force. Aussi le comte Lanjuinais disait-il de cette disparate entre les principes qu'affichait Napoléon et ses actes : « Napoléon nous jette ses principes comme l'Anglais ses traités : l'un et l'autre n'y tiennent qu'autant que leur intérêt s'y trouve. Ce propos fut rapporté à l'empereur, qui s'en trouva fort mécontent. Apercevant un jour M. Lanjuinais au salon, il le prit à l'écart et lui dit : « M. le Comte, devinez-moi, j'y consens, puisque je ne puis l'empêcher; mais, pour Dieu ! ne publiez point vos découvertes. »

Lorsqu'il fut question de nommer une gouvernante au roi de Rome, la princesse Murat demanda à l'empereur quelle était la personne qu'il honorait de son choix. « Votre demande, Princesse, a lieu de m'étonner, lui répondit son frère ; ignorez-vous que madame de Montesquiou est à la cour de l'empereur ? » Bel et simple éloge d'une femme aussi recommandable par la pureté de ses mœurs que par le rang de ses aïeux.

Madame de Montesquiou avait tout ce qu'il fallait pour former dignement son jeune élève. Ce bel enfant avait de la douceur et de la docilité. Mais, fils de Napoléon, il était comme lui, vif, impétueux et sujet à des accès de colère. Un jour qu'il voulait obtenir quelque chose que sa gouvernante avait raison de lui refuser, il se mit à pousser de grands cris en se roulant sur le parquet. Madame de Montesquiou, qu'il ne voulait point écouter, ferma les fenêtres et les contrevents. L'enfant, tout étonné, se releva aussitôt, oublia ce qui l'avait contrarié, et lui demanda pourquoi elle agissait ainsi. — C'est de peur qu'on ne vous entende, lui répondit-elle : croyez-vous que les Français voudraient d'un prince comme vous, s'ils savaient que vous vous mettez ainsi en colère ?—Crois-tu qu'on m'ait entendu ? s'écria-t-il ; j'en serais bien fâché. *Pardon, maman Quiou* (c'est ainsi qu'il l'appelait), je ne le ferai plus. — C'est ainsi que cette femme spirituelle inspirait au jeune prince cette crainte du blâme, ce respect pour l'opinion publique, si nécessaire dans toutes les classes, et principalement dans un souverain.

L'empereur, enchanté du procédé de la gouvernante de son fils, vint la trouver, et lui dit en la saluant : « Recevez, Madame, mes remercîmens. Grâce à vous, mon fils sera digne des Français ; car des premières dispositions de l'enfance, dépend presque toujours le reste de notre vie. » Madame de Montesquiou eut, le lendemain, cinquante mille francs de pension.

———

La nourrice du jeune Napoléon avait la peau extrêmement blanche et la gorge admirable. Napoléon la surprit un jour qu'elle allaitait son fils. Son sein était à peu près découvert. Madame de Montesquiou s'apercevant que l'empereur prenait plaisir à le regarder, saisit un schall qui se trouvait là, et le jeta vivement sur les épaules de la nourrice. Napoléon ne se formalisa point de cette action. Souriant, au contraire, à madame de Montesquiou, il lui dit en se retirant : « D'honneur, Madame, je n'y entendais pas malice. »

———

Etant à la chasse dans la forêt de Compiègne, l'empereur mit pied à terre avec le duc de Vicence. Non loin de là, deux bûcherons se reposaient sur un tronc d'arbre. Tous les deux avaient fait campagne. Le plus jeune reconnut l'empereur et se leva aussitôt. Caulincourt voulut faire lever l'autre. « Non, dit Napoléon , ne voyez-vous pas qu'ils sont fatigués. » Il fit rasseoir celui qui était debout, et s'assit à côté d'eux. Il leur parla de l'expédition d'Egypte et leur demanda comment ils avaient pris son départ pour la France. « Ma foi, Sire, répondit l'un des bûcherons, pas trop bien. Dam! aussi, vous étiez tout pour nous , et quand nous ne vous avons plus vu là, il semblait que tout nous manquait. » Charmé de cette franchise, Napoléon leur parla de leurs propres affaires. L'un avait la pension, et l'autre avait manqué la sienne parce qu'il avait un an de moins que la loi l'exigeait. — Eh! bien , dit l'empereur en riant, je te cède une de mes années de service ; et tu auras la pension. D'ailleurs, ajouta-t-il , les campagnes d'Egypte valent vingt ans de service. » Il les quitta en donnant à chacun d'eux dix napoléons.

Une jeune personne était dans le salon de l'impératrice , le dos tourné vers la porte. L'empereur s'avance doucement derrière elle et lui cache les yeux avec ses mains. Elle ne connaissait que M. Bourdier, premier médecin de l'impératrice, homme âgé et respectable, qui pût se permettre une semblable familiarité. « Finissez donc, M. Bourdier, s'écria-t-elle, je reconnais bien vos grosses vilaines mains. — De grosses vilaines mains, reprit l'empereur en lui rendant l'usage de la vue, vous êtes bien difficile. » Napoléon avait en effet les plus belles mains du monde.

Depuis long-temps l'empereur voyait pâlir son étoile et ne se guérissait point de la fureur des combats; cependant, la plupart de ses généraux, ses amis les plus sincères, le condamnaient en secret. Tous désespéraient d'échapper à des dangers qui se renouvelaient tous les jours. Des guerres sans fin leur étaient un garant que tôt ou tard ils y laisseraient la vie.

Quelques jours avant la bataille de Bautzen, le duc de Frioul, maréchal Duroc, qui, sans doute, avait un pressentiment de sa destinée, dit en parlant de la mort du maréchal Bessières, tué à Lutzen : « *Ceci devient trop long ; nous y passerons tous.* » L'empereur, à qui ces plaintes furent rapportées, fit venir Duroc, le conjura de ne point se décourager, de ne point décourager les autres ; qu'il ne demandait pas mieux que d'en finir. Mais enfin, ajouta-t-il, voulez-vous que je fasse une paix honteuse ? que je me déshonore ?

Peu de jours après, le maréchal Duroc reçut le coup mortel à Bautzen. Ce fut pour Napoléon la perte la plus sensible qu'il eût jamais faite. Duroc n'avait alors que quarante ans. C'était l'ami de son cœur, le compagnon assidu de sa gloire, le confident de ses pensées les plus secrètes. Il n'en parlait le soir de la bataille que le cœur gros de larmes ; et cependant il courut à de nouveaux combats ; et cependant, ainsi qu'il le dit plus tard, il avait la paix dans sa poche. Quel homme est-ce donc qu'un ambitieux !

***

Napoléon avait tendrement aimé une jeune Polonaise nommée Valeska, et non pas Paulauski, comme on l'a imprimé par erreur. Elle en avait un fils, à l'avenir duquel son père a secrètement pourvu. Lorsque cette dame apprit que Marie-Louise n'avait point suivi l'empereur à l'île d'Elbe, elle résolut de s'y rendre avec son fils. Elle avait à surmonter des obstacles sans nombre ; elle était alors en Allemagne, où la police de Metternich la faisait rigoureusement surveiller. Elle parvint cependant à tromper ses surveillans, gagna un port d'Italie, et s'embarqua avec son fils. Arrivée à l'île d'Elbe, elle se fit annoncer chez l'empereur. Le premier mouvement de celui-ci fut d'aller à sa rencontre et d'embrasser la mère et l'enfant. « C'est une amie, lui dit-elle, et rien qu'une amie qui vient vous consoler. « Je n'en attendais pas moins de votre attachement, Valeska ; mais telle est ma position, que tout me fait un devoir de me priver des consolations de l'amitié. Mes affaires ne sont pas désespérées à ce point, que je puisse affliger l'impératrice sans nuire à mes intérêts. J'en appelle à vous, mon amie. Madame Valeska, non moins généreuse que tendre, consentit à s'exiler de nouveau.

Après avoir séjourné quelques jours à l'île d'Elbe, elle en partit, elle et son fils, non sans que Napoléon les eût comblés de bienfaits.

Lorsqu'à son retour de l'île d'Elbe , Napoléon débarqua le 1er mars au golfe Juan , un ancien militaire vint le trouver à son bivouac. « Sire , lui dit-il , je suis des vôtres. » Napoléon , se retournant vers le comte Bertrand , lui dit en riant : *Voilà déjà un renfort.*

Arrivé le 20 mars au palais des Tuileries , l'empereur fut enlevé de sa voiture et porté dans ses appartemens. » Maintenant , dit-il , quel que soit le sort qui m'attend , je suis certain d'être aimé des Français ; je n'en abuserai point , et je serai toujours prêt à me sacrifier pour eux. » Déjà , en traversant la France , il avait reçu de nombreuses preuves d'attachement. Dans sa marche sur Grenoble , un jeune négociant , officier de la garde nationale , était venu à sa rencontre , et lui avait dit : « *Sire , je viens offrir à votre majesté cent mille francs et mon épée.* — J'accepte l'un et l'autre , lui avait répondu l'empereur , restez avec nous. »

Napoléon admirait la fidélité partout où il la trouvait, même celle des personnes attachées à ses adversaires. Si quelquefois il agit en sens contraire de ce caractère, c'est que l'impitoyable politique le lui commandait impérieusement.

En arrivant à Lyon, au retour de l'île d'Elbe, il apprit que de tous les gardes nationaux de cette ville, un seul était resté dévoué au comte d'Artois qu'il avait suivi. Quoique pénétré d'un semblable dévoûment, *Monsieur* ne voulut point enlever cet honnête homme à sa famille à laquelle il était de toute nécessité. Cet individu revint donc à Lyon, où Napoléon était encore. Un de ses ennemis le dénonça à l'empereur, qui le fit venir en sa présence. Le Lyonnais se crut perdu : « *Ne craignez rien, mon ami, lui dit l'empereur, celui-là qui resta fidèle au malheur, même à celui de mes ennemis, aura toujours des droits à mon estime. Recevez le prix de votre noble conduite.* » Il le décora sur-le-champ de l'étoile de la légion d'honneur.

De toutes les défections qui affligèrent Napoléon, la plus sensible, celle qu'il ressentit le plus vivement, fut la défection du maréchal Marmont. Quelquefois même il essayait de l'excuser, car il ne lui connaissait pas le fond méchant. « Jamais trahison, disait-il, n'a été plus avouée et plus funeste; elle est écrite de sa main, elle a été la cause immédiate de nos malheurs, le tombeau de notre puissance, le nuage de notre gloire. La vanité a perdu Marmont, la postérité flétrira sa vie : et pourtant son cœur vaut mieux que ne vaudra sa mémoire. »

Lorsque l'empereur était tout puissant, quelques envieux essayèrent de l'irriter contre M. Laffitte, qu'ils lui représentaient comme un ennemi secret de son pouvoir : — « *Il y a loin*, leur répondait-il, *d'un conspirateur à un homme qui, secrètement, n'aime point mon gouvernement. M. Laffitte est un homme de bien dont on ne fera jamais un conjuré.* » Huit ans plus tard il prouva, d'une manière péremptoire, que la bonne opinion qu'il avait de M. Laffitte était toujours la même.

Napoléon avait fait déposer chez M. Laffitte une somme de cinq millions. Lorsque après la bataille de Waterloo, il fut obligé d'abdiquer une seconde fois, il allait se diriger sur Rochefort; M. Laffitte courut à la Malmaison pour lui donner un récépissé de cinq millions qu'il avait entre les mains. Mais Napoléon, qui n'en voulait point, lui dit : « *Je vous connais, M. Laffitte ; je sais que vous n'aimiez pas mon gouvernement , mais je vous ai toujours regardé comme un très-honnête homme.* »

On a souvent écrit que Napoléon méprisait souverainement les hommes, on lui a même fait dire ces mots, que très-probablement il ne prononça jamais : « *Que les hommes justifient bien la haine que je leur porte !* » Comment concilier ces mots avec la noble confiance qu'il eut de la générosité des Anglais, et qui valut au prince régent la lettre suivante :

« Altesse royale,

» En butte aux factions qui divisent ma patrie, et aux hostilités des puissances de l'Europe, j'ai dû terminer ma carrière politique, et viens, comme Thémistocle, m'asseoir sur les foyers du peuple britannique. Je me place sous la protection de ses lois, et en réclame la sauve garde de votre Altesse royale, comme du plus puissant, du plus constant, du plus généreux de mes ennemis.

NAPOLÉON. »

Madame la comtesse Bertrand n'avait pas moins d'attachement pour Napoléon que son mari. Le 2 août, jour de dimanche, l'empereur et sa suite étaient déjà sur le *Bellérophon*. Sur les neuf heures du soir, M. Bertrand dit à son épouse que l'empereur avait positivement déclaré qu'on lui arracherait plutôt la vie que de se laisser conduire à Sainte-Hélène. Tout à coup madame Bertrand vole à la *cabine* de l'empereur, et se précipite à ses pieds. « Sire, lui dit-elle, vous êtes digne d'être plus grand que votre malheur. Si vous ne cédez, ils sont de force à vous assassiner. » L'empereur, morne et silencieux, ne répondait rien. A l'instant même madame Bertrand se relève, court dans sa propre chambre, et s'élance de sa fenêtre dans la mer. Déjà la moitié de son corps était en dehors, lorsque le général Montholon eut le bonheur de la retenir par ses vêtemens.

———

Peu de souverains en France ont parlé avec autant d'enthousiasme du peuple français que Napoléon. Le premier il le salùa du nom de grande nation. Au moment où il traversa le canal de la Manche, il était sur le pont du *Northumberland* avec toute sa suite. En apercevant la pointe du cap de la Hogue, il ôta son chapeau, étendit la main vers les côtes de France, et s'écria d'une voix altérée : « *Adieu, terre des braves ! quelques perfides de moins, et la grande nation serait encore la maîtresse du monde.....* »

———

Le lendemain de son arrivée à Sainte-Hélène, Napoléon fut conduit à l'élégante habitation de sir Behome, où lui et sa suite devaient demeurer jusqu'à nouveaux ordres. M. Bertrand lui fit remarquer que cette maison réunissait tous les agrémens désirables. L'empereur, se penchant vers son oreille, lui dit : « *Ah ! mon ami, qu'il y a loin de là au*

palais des Tuileries! Mais nous y sommes;
résignation.... »

———

Un jour qu'à Sainte-Hélène l'empereur
contemplait le portrait de son fils en présence
du colonel polonais Pitowki , il s'écria avec
un accent déchirant : « *Dix-huit cents lieues*
entre cet ange et moi! supplice des sup-
plices! »

———

Si quelque chose peut établir que Napoléon
était moralement et physiquement né pour la
guerre , c'est une espèce de jeu de son invention qu'il jouait presque tous les jours à
Sainte-Hélène. On appelait cela jouer *à la*
bataille. Napoléon avait apporté de France
six caisses qui contenaient vingt-cinq à trente
mille hommes de bois , hauts de trois pouces
et de toutes couleurs , généraux , officiers ,
artilleurs , cavaliers et fantassins. A l'aide de
ses gens , il rangeait tout cela en bataille sur
une grande table. Tous ces corps unis se dis-
loquant à volonté figuraient tous les mouvemens de deux armées ennemies. Le comte
Bertrand commandait les étrangers , Napo-

léon les Français, et c'était presque toujours lui qui gagnait la victoire.

Lorsque de cruels chagrins nous tourmentent continuellement, le sommeil qui nous en délivre est sans doute un des plus grands bienfaits de la Divinité. Le besoin de faire trève à nos douleurs nous le fait désirer à tous ce sommeil réparateur et bienfaisant. N'être plus en présence de nos peines est et doit être l'objet de tous nos vœux. Eh bien ! Napoléon différait du reste des hommes à cet égard. Des mortels le plus infortuné, il n'appelait point le sommeil à l'oubli de ses maux ; au contraire, pour les avoir toujours présens, pour être sans cesse éveillé au milieu d'eux, pour s'entretenir le plus possible de ses pertes et récapituler plus souvent ses souvenirs, il prenait chaque jour cinq à six tasses de café, excès qu'il n'a jamais fait sur le trône. Sur l'observation qui lui en fut faite, il répondit : *« Le livre de ma vie est si volumineux que je n'ai pas trop de mes jours et de mes nuits pour en lire les épisodes et les méditer. »*

FIN.

TABLEAU

Présentant jour par jour les combats, siéges, batailles et victoires des Français; depuis le 30 janvier 1792, jusqu'au 16 juin 1815.

EXPLICATION DES ABRÉVIATIONS.

B. pour Bataille. C. pour Combat. C. N. pour Combat naval. P. pour Prise. Pge. pour Passage.

JANVIER.

DATE.		BATAILLE ou COMBAT.	GÉNÉRAL.	PUISSANCE ennemie.
1	1799	C. de Quathiez.	Samson.	Egyptiens.
	1812	P. de Tortose.	Suchet.	Espagnols.
2	1793	C. d'Hocheim.	Houchd Sedet.	Prussiens.
	1809	C. de Cacabella.	Colbert.	Espagnols.
3	1807	P. de Breslaw.	Jr. Bonaparte.	Prussiens.
	1794	C. de Germesheim.	Hoche.	Alliés.
4	1795	P. d'Heusden.	Pichegru.	Hollandais.
	1801	C. de Saint-Albetos.	Macdonald.	Italiens.
5	1799	B. d'OTRICOLI.	Macdonald.	Napolitains.
	1801	C. de Montebello.	Brune.	Autrichiens.
6	1794	P. de Worms.	Hoche.	Alliés.
	1799	C. de Samanonth.	Kléber.	Egyptiens.
7	1794	P. de Creutzuach.	Joubert.	Autrichiens.
	1801	P. de Trente.	Macdouald.	Autrichiens.
8	1795	P. du fort du Bon.-de-Rose.	Pérignon.	Espagnols.
	1799	P. de Gaëte.	Championnet.	Napolitains
9	1795	P. d'AMSTERDAM.	Pichegru.	Angl.-Holl.
	1812	P. de VALENCE.	Suchet.	Espagnols.
10	1799	P. de Capoue.	Championnet.	Napolitains.
	1807	C. de Wollin.	Mortier.	Prussiens.
11	1801	P. de Bassano.	Moncey.	Autrichiens.
	1809	C. de Cuença.	Latour-Maubg	Espagnols.
12	1797	P. de Mantoue.	Bonaparte.	Autrichiens.
	1794	C. d'Ispeguy.	Laroche.	Espagnols.
13	1797	C. de Saint-Michel.	Masséna.	Autrichiens.
	1809	B. d'Uclès.	Victor.	Espagnols.
14	1797	B. de RIVOLI.	Bonaparte.	Autrichiens.
	1801	C. de Saint-Martin.	Werlé, Miollis	Piémontais.
15	1794	Reprise du fort Vauban.	Marchand.	Autrichiens.
	1797	C. d'Anghiari.	Augereau.	Italiens.
16	1797	B. de LA FAVORITE.	Bonaparte.	Autrichiens.

SUITE DE JANVIER.

DATE.		BATAILLE ou COMBAT.	GÉNÉRAL.	PUISSANCE ennemie.
16	1797	C. de Saint-Georges.	Miollis.	Autrichiens.
17	1795	P. d'Utrech.	Salm.	Hollandais.
	1809	B. de la Corogne.	Soult.	Angl.-Espag.
18	1795	C. de Grebbé.	Macdonald.	Anglais.
	1795	P. de Gertruydenberg.	Bonneau.	Hollandais.
19	1810	C. de Collado.	Mortier.	Espagnols.
	1799	C. d'Averda.	Broussier.	Napolitains.
20	1810	C. de Saint-Estevan.	Sébastiani.	Espagnols.
	1811	C. de Talavéra le Real.	Briche.	Espagnols.
21	1794	P. de Dordrecht.	Bonneau.	Hollandais.
	1795	P. de Gorcum.	Macdonald.	Angl.-Holl.
22	1795	P. de Voerden.	Macdonald.	Hollandais.
	1794	P. de Rotterdam.	Bonneau.	Hollandais.
23	1795	P. La Haye.	Pichegru.	Hollandais.
	1799	C. de Castello.	Kellermann.	Napolitains
24	1807	C. de Mohringen.	Bernadotte.	Russes.
	1812	C. d'Altafouilla.	Maurice-Math.	Espagnols.
25	1797	C. de Bassano.	Masséna.	Italiens.
	1799	P. de Naples.	Championnet.	Napolitains.
26	1797	C. de Capenodola.	Masséna.	Italiens.
	1810	B. de Siera-Morena.	Soult.	Espagnols.
27	1797	C. d'Avio.	Joubert.	Autrichiens.
	1814	C. de Saint-Dizier.	Napoléon.	Alliés.
28	1797	C. de Torbole.	Murat.	Italiens.
	1810	C. de Dalcala-Real.	Sébastiani.	Espagnols.
29	1811	C. de Molina.	Paris.	Espagnols.
	1814	B. de Brienne.	Napoléon.	Alliés.
30	1792	P. de Demerary.	de Kersain.	Anglais.
	1799	C. de Bernicouef.	Marmont.	Egyptiens.
31	1795	P. de Roses.	Pérignon.	Espagnols.
	1810	P. de Séville.	Victor.	Espagnols.

FÉVRIER.

DATE.		BATAILLE ou COMBAT.	GÉNÉRAL.	PUISSANCE ennemie.
1	1807	C. de Willemberg.	Murat	Prussiens.
	1814	C. du pont de Rosnoy.	Marmont.	Autrichiens.
2	1814	C. d'Anvers.	Carnot	Anglais.
	1814	C. de Sens.	Allix.	Alliés.
3	1807	C. de Bergfrid.	Napoléon.	Russes.
	1797	P. de TRENTE.	Joubert.	Autrichiens.
4	1812	P. de Peniscola.	Serveroli.	Espagnols
	1807	C. de Schlett.	Lasalle.	Prussiens.
5	1807	C. de Watersdorf.	Murat et Ney.	Russes.
	1793	C. de Luceron.	Biron.	Espagnols.
6	1806	P. de CAPOUE.	Jh Bonaparte.	Italiens.
	1807	C. de Hoff.	Hautpoult.	Russes.
7	1811	C. de Badajoz.	Mortier.	Espagnols.
	1810	C. de Vich.	Suchet.	Espagno's.
8	1807	B. d'EYLAU.	Napoléon.	Rus.-Pruss
	1814	B. du Mincio.	Eugène.	Autrichiens.
9	1799	C. d'El-Arysch.	Régnier, Legr	Mamelucks.
	1799	C. de Kené.	Couroux.	Egyptiens.
10	1814	C. de Champaubert.	Napoléon.	Russes.
	1814	C. de Borghetto.	Eugène.	Autrichiens
11	1814	B. de Montmirail.	Napoléon.	Alliés.
	1811	P. du fort Pradoleras.	Gerain.	Espagnols.
12	1814	C. de Vauchamp.	Marmont.	Alliés.
	1814	C. de Château-Thierry.	Napoléon.	Alliés
13	1799	C. de la Syène.	Desaix.	Mamelucks.
	1814	C. de Villafranca.	Bonnemain.	Italiens
14	1813	C. de Kalitch.	Reguier.	Russes.
	1814	C. d'Orléans.	Chasserau.	Alliés.
15	1807	C. de la Narrew.	Napoléon.	Russes.
	1814	C. de Janvilhers.	Napoléon.	Alliés.
16	1807	C. d'Ostrolenka.	Savary.	Russes.

SUITE DE FÉVRIER.

DATE.		BATAILLE ou COMBAT.	GÉNÉRAL.	PUISSANCE ennemie.
16	1794	P. d'Ogertheim.	Desaix.	Alliés.
17	1814	C. de Naugis.	Napoléon.	Alliés.
	1799	C. d'Aboumana.	Friant.	Arabes.
18	1814	B. de Montereau.	Napoléon.	Alliés.
	1809	C. de Maya-Guana.	Ausenac.	Espagnols.
19	1811	B. de GUEBORA.	Soult et Mort\r.	Espagnols.
	1814	C. de Fontainebleau.	Allix.	Alliés.
20	1795	P. de Groningue.	Macdonald	Anglais.
	1798	C. de Bienne.	Schawenberg.	Autrichiens.
21	1809	P. de SARAGOSSE.	Lasnes.	Espagnols.
	1814	C. de Mery-sur-Seine.	Napoléon.	Alliés.
22	1802	C. des Gonaives.	Lambert.	Noirs.
	1798	P. de ROME.	Berthier.	Italiens.
23	1809	C. de Madridejos.	Sébastiani.	Espagnols.
	1807	C. de Dirschau.	Dombrowski.	Prussiens.
24	1793	P. de Bréda.	Darçon.	Hollandais.
	1814	C. de Saint-Paar.	Kellermann f.	Alliés.
25	1803	C. N. de la Sémillante.	Motard.	Anglais.
	1807	C. de Péterswalde.	Leger Belair.	Prussiens.
26	1799	P. de Gaza.	Bonaparte.	Turcs.
	1807	C. de Braunsberg	Dupont.	Prussiens.
27	1814	C. de Bar-sur-Aube.	Napoléon.	Alliés.
	1798	C. de Buren.	Brune.	Suisses.
28	1793	C. de Colla-Bassa.	Brunet, Dagob.	Piémontais.
	1814	C. de Sézanne.	Napoléon.	Alliés.

MARS.

DATE.		BATAILLE ou COMBAT.	GÉNÉRAL.	PUISSANCE ennemie.
1	1799	P. de Nizza.	Grouchy.	Piémontais.
	1814	C. de Guastalla.	Eugène.	Autrichiens.
2	1798	P. de FRIBOURG.	Pigeon.	Suisses.
	1814	C. de Parme.	Grenier.	Autrichiens.
3	1799	C. de Souhama.	Friant.	Egyptiens.
	1814	C. de Troyes.	Napoléon.	Alliés.
4	1793	P. de Gertruydemberg.	Darçon.	Hollandais.
	1795	C. de Bentheim.	Moreau.	Anglais.
5	1798	C. de Neveneck.	Rampon.	Suisses.
	1802	B. de Plaisance.	Desfourneaux	Coalisés.
6	1799	P. de Jaffa.	Bonaparte.	Egyptiens.
	1799	C. des Gorges de Steig.	Masséna.	Autrichiens.
7	1799	C. de Coire.	Masséna.	Suisses.
	1814	B. de CRAONNE.	Napoléon.	Alliés.
8	1814	P. d'Etouvelle.	Napoléon.	Alliés.
	1814	P. de Berg-og-zoom.	Bizanet.	Hollandais.
9	1799	C. de Coptos.	Beillard.	Mamelucks
	1806	C. de Saint-Martin.	Partouneaux.	Napolitains.
10	1799	P. de FLORENCE.	Gauthier.	Napolitains.
	1814	C. de Castellaro.	Freissinet.	Autrichiens.
11	1811	P. de Badajoz.	Mortier, Soult.	Espagnols.
	1797	C. de la Piave.	Serrurier.	Autrichiens.
12	1801	C. d'Alexandrie.	Friant.	Anglais.
	1810	C. d'Arroyo del Puerco.	Foy.	Espagnols.
13	1797	C. de Bellurn.	Masséna.	Autrichiens.
	1814	C. de Reims.	Napoléon.	Alliés.
14	1807	C. près Stralsund.	Bernadotte.	Suédois.
	1799	C. de Bordeyn.	Duranteau.	Egyptiens.
15	1799	C. de Schulz.	Lecourbe.	Autrichiens.
	1799	C. de Korsoum.	Bonaparte.	Egyptiens.
16	1793	C. de Tirlemont.	Dumouriez.	Autrichiens

SUITE DE **MARS**.

DATE.		BATAILLE ou COMBAT.	GÉNÉRAL.	PUISSANCE ennemie.
16	1797	B. du TAGLIAMENTO.	Bonaparte.	Autrichiens.
17	1793	C. de Bingen.	Custine.	Prussiens.
	1807	C. de Glatz.	Gérard.	Prussiens.
18	1811	C. de Puelo.	Valleteau.	Espagnols.
	1801	C. de Béda.	d'Estaing.	Egyptiens.
19	1807	C. d'Astadt.	Loison.	Prussiens.
	1809	C. de Draga.	Soult.	Portugais.
20	1800	B. d'HÉLIOPOLIS.	Kléber.	Turcs.
	1814	B. d'Arcis.	Napoléon.	Russes.
21	1800	C. de Frichoff.	Schramm.	Egyptiens.
	1811	C. de Campo-Major.	Mortier.	Espagnols.
22	1793	C. de Pellemberg.	Champmorin.	Autrichiens.
	1809	C. de Guimaurens.	Jardon.	Espagnols.
23	1800	C. de Coraim.	Kléber.	Turcs.
	1797	C. de Brixen.	Joubert.	Autrichiens.
24	1797	P. de Trieste.	Guyeux.	Autrichiens.
	1799	P. de Livourne.	Miollis.	Autrichiens.
25	1814	C. de la Fère, Champagne.	Napoléon.	Alliés.
	1810	C. d'Etrouquillo.	Gazan.	Espagnols.
26	1799	B. de SAINTE-LUCIE.	Scherer.	Autrichiens.
	1814	C. de Saint-Dizier (2e).	Napoléon.	Alliés.
27	1809	B. de Ciudad-Réal.	Sébastiani.	Espagnols.
	1799	C. d'Audria.	Broussier.	Napolitains.
28	1797	C. de Mittewald.	Joubert.	Autrichiens.
	1809	B. de Médelin.	Victor.	Anglais.
29	1797	C. de Klakenfurth.	Joubert.	Autrichiens.
	1809	B. d'Oporto.	Soult.	Aug.-Portug.
30	1793	C. d'Oberflersheim.	Custine.	Prussiens.
	1798	B. de Sédiman.	Desaix.	Mamelucks.
31	1797	C. de Slerzing.	Joubert.	Tyroliens.
	1798	C. de Belbeys.	Kléber.	Turcs.

29*

AVRIL.

DATE.		BATAILLE ou COMBAT.	GÉNÉRAL.	PUISSANCE ennemie.
1	1809	C. de Pénafield.	Caulaincourt.	Portugais.
	1797	P. de Laybach.	Bernadotte.	Autrichiens.
2	1799	C. de Byr-el-Baar.	Davoust.	Egyptiens.
	1799	C. de Lax.	Xantrailles.	Grisons.
3	1799	P. de Tyr.	Vial.	Egyptiens.
	1797	C. de Kumdemarch.	Bonaparte.	Autrichiens.
4	1807	C. de Kalberg.	Schramm.	Prussiens.
	1800	C. de Choa-ra.	Belliard.	Egyptiens.
5	1813	C. de Mockern.	Grenier.	Prussiens.
	1799	C. de Bardis.	Morand.	Arabes.
6	1794	C. d'Hendaye.	Fregeville.	Espagnols.
	1813	C. de Valencia.	Boyer.	Espagnols.
7	1794	P. de Bréglio.	Macquart.	Piémontais.
	1800	C. de Monte-Facio.	Miollis.	Autrichiens.
8	1794	P. d'Oueille.	Dumerbion.	Piémontais.
	1799	C. de Nazareth.	Junot.	Arabes.
9	1796	C. de Voltri.	Cervoni.	Autrichiens.
	1800	Pge. du MONT S.-BERNARD.	Bonaparte.	Autrichiens.
10	1794	C. de Monteilla.	Dagobert.	Espagnols.
	1814	B. de TOULOUSE.	Soult.	Anglais.
11	1796	C. de Montelisimo.	Rampon.	Piémontais.
	1796	B. de MONTENOTTE.	Bonaparte.	Aust.-Sardes.
12	1799	C. de Saffet.	Murat.	Egyptiens.
	1813	C. de Biard.	Suchet.	Anglais.
13	1810	C. de Sancta-Catharina.	Laplane.	Espagnols.
	1796	C. de Cossaria.	Bonaparte.	Autrichiens.
14	1796	B. de MILLESIMO.	Bonaparte.	Autrichiens.
	1796	C. de San-Giovani.	Rusca.	Autrichiens.
15	1794	C. de Tiferdange.	Charbonnier.	Alliés.
	1796	C. de Dégo.	Bonaparte.	Aust.-Sardes.
16	1799	B. du MONT-THABORD.	Kléber.	Turcs.

SUITE D'AVRIL.

DATE.		BATAILLE ou COMBAT.	GÉNÉRAL.	PUISSANCE ennemie.
16	1794	C. de Ponte-di-Nava.	Masséna	Autrichiens.
17	1807	C. d'Unkermunde.	Veau.	Suédois.
	1800	P. de Sac et Boulac.	Friant.	Egyptiens
18	1797	B. de Neuwied.	Hoche.	Autrichiens.
	1799	C. de Beny-a-dy.	Davoust.	Arabes.
19	1809	B. de Tann.	Davoust.	Autrichiens
	1800	C. de Voltri.	Masséna.	Autrichiens
20	1809	B. d'Abensberg.	Napoléon.	Autrichiens.
	1797	B. de Diersheim.	Moreau.	Autrichiens.
21	1795	B. de Mondovi.	Napoléon.	Piémontais.
	1800	C. de Suez.	Masechi.	Arab.etAng.
22	1809	B. d'Eckmühl.	Napoléon.	Autrichiens.
	1797	C. de Litchtenau.	Saint-Cyr.	Autrichiens
23	1810	C. de Lérida.	Mouton.	Espagnols.
	1809	P. de Ratisbonne.	Napoléon.	Autrichiens.
24	1794	C. de Bascara.	Pérignon.	Espagnols.
	1797	P. de Kehl.	Moreau.	Autrichiens.
25	1796	P. d'Alba.	Augereau.	Italiens.
	1796	P. de Cherasco.	Masséna.	Piémontais.
26	1794	P. de Courtray.	Souham.	Autrichiens.
	1794	C. d'Argueguy.	Harida.	Espagnols.
27	1800	P. du CAIRE.	Bonaparte.	Egyptiens.
	1807	C. du Kakelsberg.	Puthod.	Prussiens.
28	1794	B. du Tech.	Dugommier.	Espagnols.
	1800	C. de Chivasso.	Lasnes.	Piémontais.
29	1794	B. de Moescröen.	Moreau,Picheg	Autrichiens.
	1800	C. de Weldshut.	Richepause.	Autrichiens.
30	1794	B. des Albères.	Dugommier.	Espagnols.
	1809	C. de Caldero.	Eugène.	Autrichiens.

MAI.

DATE.		BATAILLE ou COMBAT.	GÉNÉRAL.	PUISSANCE ennemie.
1	1809	C. de Ried.	Oudinot.	Autrichiens
	1813	C. de Poserma.	Ney.	Alliés.
2	1813	B. de LUTZEN.	Napoléon.	Alliés.
	1809	C. d'Amarante.	Soult.	Portugais.
3	1800	B. d'Engen.	Moreau.	Autrichiens.
	1810	C. de Figuières.	Baraguey d'Hil	Espagnols.
4	1809	C. d'Ebersberg.	Oudinot.	Autrichiens
	1811	C. du Fort Oliva.	Napoléon.	Espagnols.
5	1800	B. de Moeskirck.	Moreau.	Autrichiens.
	1813	B. d'Onnoro.	Ney.	Aust-Russes
6	1794	C. de Saint-Laurent.	Augereau.	Espagnols.
	1812	C. de Santona.	Ch. Lameth.	Espagnols.
7	1794	P. de Saorgio.	Masséna.	Piémontais.
	1807	P. de l'Ile d'Holm.	Drouet d'Erl.	Prussiens.
8	1809	B. de la Piave.	Eugène.	Autrichiens.
	1795	C. de Marquirnechu.	Marbot.	Autrichiens.
9	1796	C. de Fombio.	Bonaparte.	Espagnols.
	1800	B. de Biberach.	Moreau.	Autrichiens.
10	1796	B. du PONT DE LODI.	Bonaparte.	Autrichiens
	1794	C. du Thuin.	Marceau.	Autrichiens
11	1809	C. de Saint-Daniel.	Eugène.	Italiens.
	1809	C. de Strub-Pass.	Lefebvre.	Autrichiens
12	1800	C. de Memmingen.	Lecourbe.	Autrichiens
	1807	C. de Cauth.	Dumuy.	Prussiens.
13	1807	C. de Wiskowo.	Le Marrois.	Russes.
	1809	C. de Vœrgel.	Lefebvre.	Autrichiens.
14	1809	C. d'Alcantara.	Victor.	Anglais.
	1810	P. de Lérida.	Suchet.	Espagnols.
15	1796	P. de MILAN.	Bonaparte.	Italiens.
	1807	B. de Weischelmunde.	Lasnes.	Russes.
16	1811	B. d'Albuera.	Soult.	Espagnols.

SUITE DE **MAI**.

DATE.		BATAILLE ou COMBAT.	GÉNÉRAL.	PUISSANCE ennemie.
16	1809	C. du Mont Kitta.	Marmont.	Autrichiens
17	1809	P. de Malborghetto.	Eugène.	Autrichiens.
	1809	C. de Gradschatz.	Marmont.	Autrichiens
18	1794	B. de Tourcoing.	Souham.	Hollandais.
	1800	C. de Châtillon.	Lasnes.	Autrichiens.
19	1800	B. de Bassiguana.	Moreau.	Autrichiens
	1813	C. de Weissig.	Bertrand.	Alliés.
20	1810	C. de Varollo.	Lechi.	Autrichiens.
	1813	B. de BAUTZEN.	Napoléon.	Allemands.
21	1809	B. d'ESLING.	Napoléon.	Autrichiens.
	1813	B. de Wurtchen.	Napoléon.	Alliés.
22	1800	C. de Clavières.	Thureau.	Russes.
	1809	C. de Gospich.	Marmont.	Autrichiens.
23	1794	C. de Schifferstadt.	Michaud.	Allemands.
	1807	P. de DANTZIG.	Lefebvre.	Pruss.-Russ.
24	1794	C. de Lobbes.	Kléber.	Autrichiens
	1800	C. de Brégentz.	Lecourbe.	Helvétiens.
25	1799	B. de Winther-thur.	Thureau.	Autrichiens.
	1809	C. d'Ottochatz.	Delzons.	Autrichiens.
(	1794	C. de Collioure.	Dugommier.	Espagnols.
	1800	C. de la Chiusella.	Lasnes.	Autrichiens.
27	1794	P. de Dinant.	Jourdan.	Autrichiens.
	1799	C. de Castellamare.	Macdonald.	Napolitains.
28	1800	C. du Pont du Var.	Suchet.	Autrichiens.
	1807	C. de Reggio.	d'Espagne.	Napolitains.
29	1798	P. de Cosseïr.	Belliard.	Egyptiens.
	1811	P. d'Oliva.	Suchet.	Espagnols.
30	1796	Pge. du Mincio.	Gardanne.	Italiens.
	1796	C. de Borghetto.	Bonaparte.	Autrichiens.
31	1800	C. de Turbigo.	Murat.	Italiens.
	1809	C. N. de la Caroline.	Feretier.	Anglais.

JUIN.

DATE.		BATAILLE ou COMBAT.	GÉNÉRAL.	PUISSANCE ennemie.
1	1813	C. de Neukirchen.	Lauriston.	Autrichiens.
	1813	C. de Barnos.	Couroux.	Espagnols,
2	1799	C. de Geschenen.	Le Courbe.	Autrichiens.
	1800	P. de MILAN.	Masséna.	Autrichiens.
3	1800	P. de Pavie.	Lasnes.	Autrichiens.
	1796	P. de Véronne.	Bonaparte.	Autrichiens.
4	1796	C. près Mantoue.	Lasnes, Auger.	Autrichiens.
	1796	B. d'Altenkirchen.	Jourdan, Kléb.	Autrichiens.
5	1800	C. de Kirchberg.	Richepause.	Autrichiens
	1807	C. de Spanden.	Bernadotte.	Russes.
6	1793	C. de Château-Pignon.	Moncey.	Prussiens.
	1800	P. de Plaisance.	Murat.	Autrichiens
7	1794	B. de la Jonquière	Pérignon.	Espagnols.
	1800	C. de Broni.	Valhubert.	Autrichiens.
8	1807	C. de Wolfsdorf.	Soult.	Russes.
	1810	P. de Méquinenza.	Rogniat.	Espagnols.
9	1793	B. d'Arlon.	Delauge.	Autrichiens.
	1800	B. de MONTÉBELLO.	Bonaparte.	Autrichiens.
10	1807	C. de Cuttstadt.	Napoléon.	Russes.
	1807	C. d'Heilsberg.	Napoléon.	Russes.
11	1793	B. de MAUBEUGE.	Jourdan.	Autrichiens.
	1809	C. de Saint-Ander.	Bonnet.	Espagnols.
12	1798	P. de Malte.	Bonaparte.	Anglais.
	1799	P. de Modène.	Macdonald.	Autrichiens
13	1794	C. de Hooghlède.	Souham.	Autrichiens.
	1807	C. de Creutzbourg.	Milhaud.	Prussiens.
14	1800	B. de MARENGO.	Bonaparte.	Autrichiens.
	1807	B. de FRIEDLAND.	Napoléon	Russo-Prus.
	1809	B. de RAAB.	Eugène.	Autrichiens.
15	1796	C. de Wetzlar.	Le Febvre.	Autrichiens.
	1815	C. de Charleroy.	Napoléon.	Prussiens.

SUITE DE JUIN.

DATE.		BATAILLE ou COMBAT.	GÉNÉRAL.	PUISSANCE ennemie.
16	1799	P. de l'Ile S.-Vincent. Amér.	De Rumain.	Anglais.
	1815	B. de Liguy.	Napoléon.	Prussiens.
17	1809	C. de Tarvis.	Abbé.	Tyroliens
	1811	C. de Ronda.	Pécheux.	Espagnols.
18	1809	B. de Belchite.	Suchet.	Espagnols.
	1809	C. de Oviedo.	Bardet.	Espagnols.
19	1800	B. d'Hochstedt.	Moreau.	Autrichiens.
	1808	C. des Défilés de S.-Paul.	Duhesme.	Espagnols
20	1794	C. de l'Etoile.	Lemoine.	Espagnols.
	1799	C. de San-Guilano.	Moreau.	Autrichiens
21	1800	C de Nordlingen.	Ménard.	Autrichiens
	1808	C. de Pesquera.	Moncey.	Espagnols.
22	1793	C. de la Mont. Louis XIV.	Servant.	Espagnols.
	1809	P. de Raab.	Lauriston.	Autrichiens.
23	1811	C. de Quintanilla	Valleteaux.	Espagnols.
	1794	C. de la Cr. des Bouquets.	Muller.	Espagnols.
24	1807	P. de Glatz.	J^r. Bonaparte.	Prussiens.
	1795	1er C. de Vado.	Laharpe.	Autrichiens
25	1796	C. de Nemulh.	Desaix.	Autrichiens.
	1795	C. de Melogne.	Masséna.	Austro-Sard
26	1794	B. de FLEURUS.	Jourdan.	Alliés.
	1809	C. d'Alcabon.	Victor.	Espagnols.
27	1796	C. d'Appenwich.	Décamp.	Autrichiens
	1800	C. d'Oberhausen	Montrichard.	Alliés.
28	1811	P. de Tarragone.	Suchet.	Espagnols.
	1812	P. de Wilna	Bruyères.	Russes.
29	1796	P. du Fort de Milan.	Dépinay.	Italiens.
	1795	C de Descara.	Villot.	Espagnols
30	1796	C. sur la Sieg.	Ney.	Autrichiens.
	1809	Combat sous Presbourg.	Davoust.	Autrichiens.

JUILLET.

DATE.		BATAILLE ou COMBAT.	GÉNÉRAL.	PUISSANCE ennemie.
I	1794	C. d'Ispigui.	Dubouquet.	Espagnols.
	1794	C. du Mont-Palissel.	Scherer.	Autrichiens.
2	1795	C. de San-Beruado.	Kellermann.	Aus.-Sardes.
	1798	B. d'ALEXANDRIE.	Bonaparte.	Turcs.
3	1794	C. d'Hochstadt.	Michaud.	Autrichiens.
	1808	C. de Cuença.	Caulincourt.	Espagnols.
4	1796	C. de Salzberg.	Ney.	Autrichiens.
	1809	Passage du Danube.	Oudinot.	Autrichiens.
5	1796	B. de Rastadt.	Moreau.	Autrichiens.
	1809	B. d'Enzersdorf.	Napoléon.	Autrichiens.
6	1801	C. N. d'Algésiras.	Linois.	Anglais.
	1809	B. de WAGRAM.	Napoléon.	Autrichiens.
7	1800	C. de Landshut.	Leclere.	Autrichiens.
	1797	B. de Vallière.	Desfourneaux.	Anglais.
8	1793	C. d'Ost-Capelle.	Habert.	Autrichiens.
	1796	C. d'Alpersbach.	Vandamme.	Autrichiens.
9	1796	B. d'Ettengen.	Moreau.	Saxons.
	1796	C. de Rutzbach.	Kléber.	Autrichiens.
10	1795	P. de Bruxelles.	Jourdan.	Autrichiens.
	1798	C. de Kamanie.	Bonaparte.	Mamelucks.
11	1796	C. de Friedberg.	Kléber.	Autrichiens.
	1809	C. de Znaim.	Marmont.	Autrichiens
12	1795	P. de camp d'Eybar.	Dessin.	Espagnols.
	1812	C. de Khanoli.	Cne Vandois.	Russes.
13	1798	B. de CHEBREISSE.	Bonaparte.	Mamelucks
	1800	C. de Hanau.	Ste-Suzanne.	Autrichiens.
14	1794	C. de Platzberg.	Moreau.	Autrichiens.
	1808	B. de MEDINA.	Bessière.	Espagnols.
15	1794	C. de la Montagne de Fer.	Kléber.	Autrichiens.
	1809	B. de Santa-Fé.	Suchet.	Espagnols.
16	1793	C. de Mas de Serre.	Deflers.	Espagnols.

SUITE DE JUILLET.

DATE.		BATAILLE ou COMBAT.	GÉNÉRAL.	PUISSANCE ennemie.
16	1794	P. de Namur.	Jourdan.	Autrichiens.
17	1808	P. de Bilbao.	Moncey.	Espagnols.
	1810	C. d'Aroca.	Vergès.	Espagnols.
18	1796	P. de Stuttgard.	Saint-Cyr.	Autrichiens.
	1800	C. de Gaimersheim.	Ney.	Autrichiens.
19	1794	C. de Tirlemont.	Jourdan.	Autrichiens.
	1794	P. de Nieuport.	Moreau.	Autrichiens.
20	1796	C. de Canstadt.	Taponnier.	Alliés.
	1798	B. des PYRAMIDES.	Bonaparte.	Mamelucks.
21	1793	C. de S.-Georges-d'Auw.	Beauharnais.	Autrichiens.
	1796	C. de Kœnigstein.	Moreau.	Autrichiens.
22	1796	C. de Gemunden.	Mortier.	Autrichiens.
	1798	Reprise du Caire.	Bonaparte.	Arabes.
23	1793	C. d'Irun.	Dugommier.	Espagnols.
	1799	C. de la vallée de Feuestrel.	Championnet.	Aust.-Russes
24	1794	C. de la vallée de Bastan.	Muller.	Espagnols.
	1799	Bataille d'Almeida.	Masséna,	Ang.-Portu.
25	1799	B. d'ABOUKIR.	Bonaparte.	Turcs.
	1811	C. du Mont-Serrat.	Suchet.	Espagnols.
(	1809	B. de Santo-Domingo.	Victor.	Ang.-Portug
	1812	C. d'Ostrovo.	Eugène.	Russes.
27	1794	P. de Liége.	Jourdan.	Autrichiens.
	1809	C. de Caza-le-Gas.	Victor.	Ang.-Portug
28	1794	P. de l'île Catzand.	Moreau.	Hollandais.
	1809	P. de Talavera.	Victor.	Portug. Esp.
29	1795	C. de Pietri.	Laharpe.	Piémontais.
	1799	C. du L. Valterden.	Loison.	Autrichiens.
30	1795	C. du col d'Allaregny.	Digonnet.	Espagnols.
	1809	P. de l'île du Danube.	Gudin.	Autrichiens.
31	1795	C. de Dissando.	Garnier.	Aust.-Sard.
	1812	C. de Jacoubovo.	Oudinot.	Russes.

AOUT.

DATE.		BATAILLE ou COMBAT.	GÉNÉRAL.	PUISSANCE ennemie.
1	1794	C. de S.-Martial.	Muller.	Espagnols.
	1796	C. de Brescia.	Augereau.	Autrichiens
2	1794	C. de Calvi.	Bonaparte.	Anglais.
	1812	C. de la Drisa.	Oudinot.	Russes.
3	1796	C. de Lonato.	Bonaparte.	Autrichiens.
	1796	C. d'Heidenheim.	Saint-Cyr.	Autrichiens.
4	1796	C. de Govardo.	Herbin.	Autrichiens
	1796	C. de Bamberg.	Grenier.	Autrichiens.
5	1796	C. de Giengen.	Saint-Cyr.	Autrichiens.
	1796	B. de CASTIGLIONE.	Bonaparte.	Autrichiens.
6	1796	C. d'Altendorf.	Kléber.	Autrichiens.
	1796	C. de Peschiera.	Masséna.	Autrichiens.
7	1794	C. de Pellingen.	Moreau.	Autrichiens
	1796	C. sur la Rednitz.	Kléber.	Autrichiens.
8	1796	C. de Neresheim.	Lecourbe.	Autrichiens
	1794	P. de Trèves.	Ambert, Rend.	Autrichiens.
9	1809	Passage du Tage.	Mortier.	Espagnols.
	1809	C. de Tolède.	Sébastiani.	Ang.-Espag
10	1796	C. d'Eglingen.	Moreau.	Autrichiens.
	1811	C. de Lasvertientes.	Latour-Maubg.	Espagnols.
11	1795	C. de Montebaldo.	Masséna.	Autrichiens.
	1809	B. d'Almonacid.	Sébastiani.	Ang.-Espag
12	1798	C. de Terracine.	Macdonald	Italiens.
	1812	C. de Grodeczaua.	Reynier.	Russes.
13	1794	B. de Boulou.	Dugommier.	Espagnols.
	1793	B. de S. Michel.	Desfourneaux.	Espagnols.
14	1799	C. d'Aldorf.	Lecourb. Pors.	Autrichiens
	1812	C. de Krasnoy.	Ney.	Russes.
15	1799	C. de Gueschenen.	Lecourbe.	Suisses.
	1799	C. de Cosseïr.	Donzelot.	Anglais.
16	1799	C. d'Ober-Alp.	Lecourbe.	Autrichiens.

SUITE D'AOUT.

DATE.		BATAILLE ou COMBAT.	GÉNÉRAL.	PUISSANCE ennemie.
16	1812	C. de Polotsk.	Oudinot.	Russes.
17	1796	B. de Sulzbach.	Jourdan.	Autrichiens.
	1812	B. de SMOLENSK.	Napoléon.	Russes.
18	1796	C. d'Amberg.	Jourdan.	Autrichiens.
	1799	B. du pont S.-Bernard.	Championnet.	Coalisés.
19	1811	P. de Figuières.	Macdonald.	Espagnols.
	1812	C. de Valoutina.	Ney.	Russes
20	1792	C. de Fontoy.	Luckner.	Autr.-Pruss
	1796	C. de Wolfering.	Collaud.	Alliés.
21	1813	C. du Bobert.	Napoléon.	Prussiens.
	1792	C. de Lannoy.	Lafayette.	Autrichiens.
22	1796	C. de Teining.	Bernadotte.	Autrichiens.
	1796	C. de Landau.	Custine.	Autrichiens.
23	1813	C. de Goldberg.	Gérard.	Alliés.
	1812	C. d'Uwiat.	Murat.	Russes.
24	1796	B. de Friedberg.	Moreau.	Autrichiens.
	1795	2e C. de Limone.	Dallemagne.	Aust.-Sarde.
25	1807	P. de Stralsund.	Brune.	Suédois.
	1794	P. du fort de l'Ecluse.	Moreau.	Hollandais.
26	1795	C. de S. Barnouil.	Serrurier.	Piémontais.
	1813	C. de Dresde.	Napoléon.	Russ.-Pruss.
27	1798	B. de Castlebar.	Humbert.	Anglais.
	1813	B. de DRESDE.	Napoléon.	Russ.-Pruss.
28	1795	C. d'Altassio.	Chiappe, Mass.	Anglais.
	1793	P. du C. du Mont-Louis.	Dagobert.	Espagnols.
29	1794	P. de Condé.	Schérer.	Autrichiens.
	1796	C. de Bamberg.	Bernadotte.	Alliés.
30	1795	C. du Mont-Genève.	Moulin.	Piémontais.
	1808	C. de Viniera.	Junot.	Anglais.
31	1795	C. de Lautosca.	Serrurier.	Piémontais.
	1792	C. devant Montmédy.	Ligueville.	Autrichiens.

SEPTEMBRE.

DATE.		BATAILLE ou COMBAT.	GÉNÉRAL.	PUISSANCE ennemie.
1	1795	C. de la Cérise.	Kellermann.	Piémontais.
	1796	C. de Gelsenfeld.	Desaix.	Autrichiens.
2	1793	C. d'Aigue-Belle.	Le Doyen.	Piémontais.
	1794	C. de Sandweiler.	Vincent.	Autrichiens.
3	1796	B. de Roveredo.	Bonaparte.	Autrichiens.
	1796	C. de Serravale.	Bonaparte.	Autrichiens.
4	1796	C. de Bruschall.	Scherb.	Autrichiens
	1812	B. de Golowino.	Compans.	Russes.
5	1794	P. du fort Kayserw.	Kléber.	Hollandais.
	1813	C. de Zahna.	Guilleminot.	Alliés.
6	1793	C. de Poperinghe.	Houchard.	Coalisés.
	1794	C. d'Aspe.	Robert.	Espagnols.
7	1796	C. de Primolano.	Augereau.	Autrichiens.
	1812	B. de la Moskowa.	Napoléon.	Russes.
8	1793	B. d'Hondschoote.	Houchard.	Coalisés.
	1796	B. de Bassano.	Bonaparte.	Autrichiens.
9	1798	C. de la vallée de Stanz.	Schawenberg.	Suisses.
	1813	C. de Dohna.	Napoléon.	Russo-Prus.
10	1793	C. d'Albauette.	Le Doyen.	Autrichiens.
	1813	C. de Dennewitz.	Lorges.	Alliés.
11	1793	C. de Turcoing.	Houchard.	Autrichiens.
	1812	C. de Zwenigrod.	Eugène.	Russes.
12	1793	C. de Bienwald.	Desaix.	Coalisés.
	1813	C. du C. d'Ordal.	Suchet.	Espagnols.
13	1798	C. de Sombat.	Verdier.	Arabes.
	1813	C. de Villafranca.	Suchet.	Anglais.
14	1794	C. de Boxel.	Pichegru.	Anglais.
	1812	P. de Moskou.	Napoléon.	Russes.
15	1796	B. de S.-Georges.	Bonaparte.	Autrichiens.
	1810	C. de la Fuente.	Mortier.	Espagnols.
16	1799	C. de Sossano.	Compans.	Russes.

SUITE DE SEPTEMBRE.

DATE.		BATAILLE ou COMBAT.	GÉNÉRAL.	PUISSANCE ennemie.
16	1813	C. de Beraun.	Gouvion S.-C.	Alliés.
17	1793	B. de Peyrestortes.	D'Aout.	Espagnols.
	1813	C. d'Arbesau.	Mouton-Duv.	Autrichiens.
18	1794	P. de Bellegarde.	Dugommier.	Espagnols.
	1797	2ᵉ C. de Governolo.	Bonaparte.	Autrichiens
19	1795	C. de Campo di Porto.	Masséna.	Aust.-Sarde.
	1799	B. de BERGHEN.	Brune.	Aust. Russ.
20	1792	B. de VALMY.	Kellermann	Pruss.-Aut.
	1813	C. de Keinitz.	Mouton-Duv.	Autrichiens.
21	1794	C. de Cairo.	Dumerbion.	Austro-Sard
	1793	C. de Sterry.	Salinguet.	Espagnols
22	1794	C. de Steckem.	Jourdan.	Coalisés.
	1799	B. de Diettickon.	Masséna.	Coalisés.
23	1794	P. de Crevecœur.	Delmas.	Hollandais.
	1796	C. de Governolo.	Bonaparte.	Autrichiens
24	1799	C. de Limath.	Masséna.	Coalisés.
	1813	C. d'Altenbourg.	Lefèvre-Desn.	Alliés.
25	1795	C. de Garressio.	Miollis.	Aust.-Sardes
	1813	C. de Mersebourg.	Lefèvre-Desn.	Alliés.
26	1794	C. d'Olia.	Charlet.	Espagnols.
	1799	B. de ZURICH.	Masséna.	Aust.-Sardes
27	1792	P. de Nice.	Anselme.	Piémontais.
	1811	C. d'Alden del P.	Souham.	Anglais.
28	1798	C. de Miquemar.	Murat, Lanus.	Arabes.
	1799	C. de Glaris.	Molitor.	Aust.-Sardes
29	1793	C. des G. de Salanches.	Sarret.	Piémontais.
	1806	C. de Debilibritch.	Marmont.	Autrichiens.
30	1792	Prise de Spire.	Custine.	Autrichiens.
	1792	P. de Villefranche.	Anselme.	Piémontais.

OCTOBRE.

DATE.		BATAILLE ou COMBAT.	GÉNÉRAL.	PUISSANCE ennemie.
1	1806	C. de Castelnovo.	Marmont.	Russes.
	1812	C. de Garosen.	Grandjean.	Russes.
2	1794	B. d'Aldenhoven.	Jourdan.	Autrichiens.
	1796	B. de Riberach.	Moreau.	Autrichiens.
3	1795	C. de Borghetto.	Victor.	Austro-Sard
	1795	C. de Kostheim.	Championnet.	Coalisés.
4	1792	P. de Worms.	Neuwinger.	Autrichiens.
	1812	C. de Winhowo.	Murat	Russes.
5	1793	C. de S.-Maurice.	Kellermann.	Piémontais.
	1812	C. de Dmitrow.	Delzons.	Russes.
6	1799	B. d'Alkmaer.	Bruue.	Anglo-Russ.
	1799	B. de Kastricum.	Brune.	Anglo-Russ.
7	1798	B. de Sédiman.	Desaix.	Mamelucks
	1798	C du Pont du Lech.	Murat.	Autrichiens.
8	1805	C. de Wertingen.	Murat.	Autrichiens.
	1806	C. de Saalbourg.	Murat.	Prussiens.
9	1805	C. de Guntzbourg.	Baraguay d'Hil	Alliés.
	1805	C. d'Aicha.	Soult.	Autrichiens.
10	1805	C. de Saafeld.	Lasnes.	Prussiens.
	1813	C. de Wéthau.	Augereau.	Alliés.
11	1805	C. de Lanotsberg.	Soult.	Autrichiens.
	1806	C. de Géra.	Lasalle.	Prussiens.
12	1805	B. d'ELCHINGEN.	Napoléon.	Autrichiens.
	1805	C. d'Albeck.	Dupont.	Alliés.
13	1805	P. de Memmingen.	Soult.	Autrichiens.
	1811	C. de S.-Roch.	Sémélé.	Espagnols.
14	1795	C. de Novalaise.	Pouget.	Piémontais.
	1806	B. d'IÉNA.	Napoléon.	Prusso-Sax.
15	1793	B. de Wattignies.	Carnot, Jourd.	Coalisés.
	1806	P. d'Erfurt.	Murat.	Prussiens.
16	1804	C. de Neresheim.	Murat.	Autrichiens.

SUITE D'OCTOBRE.

DATE.		BATAILLE ou COMBAT.	GÉNÉRAL.	PUISSANCE ennemie.
16	1813	B. de Wachau.	Napoléon.	Alliés
17	1804	P. d'ULM.	Napoléon.	Autrichiens.
	1813	C. de Rackintz.	Saint-Cyr.	Russes.
18	1794	B. de Worms	Michaud.	Autrichiens.
	1805	C. de Nordlingen.	Belliard.	Alliés.
19	1793	C. de Gillette.	Dugommier.	Aus.-Sardes.
	1800	P. d'Arrezzo.	Monnier.	Italiens.
20	1806	P. de Wittemberg.	Davoust.	Prussiens.
	1810	C. de Fresno et Grado.	Valleteaux.	Espagnols.
21	1792	P. de Francfort.	Neuwenger.	Autrichiens.
	1796	C. de Neuwied.	Kléber.	Autrichiens.
22	1793	C. de Commines.	Macdonald.	Coalisés.
	1809	C. de Navia.	Ornano.	Espagnols.
23	1793	C. de Menin.	Souham.	Hanovriens.
	1794	P. de Coblentz.	Marceau.	Autrichiens.
24	1799	C. de Basco.	Saint-Cyr.	Autrichiens.
	1812	C. de Moiloiaroslavetz.	Eugène.	Russes.
25	1811	B. de Sagonde.	Suchet.	Espagnols.
	1812	C. de Duenas.	Souham.	Anglais.
26	1806	C. de Zehdenick.	Murat.	Prussiens.
	1811	P. du fort de Sagonde.	Suchet.	Espagnols.
27	1799	C. de Mondovi.	Lemoine.	Autrichiens.
	1805	C. du Ried.	Montbrun.	Alliés.
28	1805	B. de Vérone.	Masséna.	Autrichiens.
	1806	P. de BERLIN.	Napoléon.	Prussiens.
29	1799	C. du Busolin.	Duhesme.	Autrichiens.
	1806	P. de Stettin.	Lasalle.	Prussiens.
30	1805	C. de Caldiero.	Masséna.	Autrichiens.
	1813	B. de Hanau.	Napoléon.	Bavarois.
31	1805	C. de Lambach.	Murat.	Aust-Russes
	1813	C. Kiutzig.	Bertrand.	Bavarois.

NOVEMBRE.

DATE.		BATAILLE ou COMBAT.	GÉNÉRAL.	PUISSANCE ennemie.
1	1806	C. de Jabel.	Bernadotte.	Prussiens.
	1809	C. de Santa-Colonna.	Souham.	Espagnols.
2	1805	C. de Mondovi.	Séras.	Autrichiens.
	1812	C. de Viasma.	Eugène.	Russes.
3	1796	C. de Segonzano.	Vaubois.	Autrichiens.
	1806	P. de Scheitz.	Bernadotte.	Prussiens.
4	1792	C. de Bossu.	Dampierre	Autrichiens.
	1794	P. de Maestricht.	Kléber.	Coalisés.
5	1805	P. de Vicence.	Solignac.	Autrichiens
	1811	C. de Barnos.	Sémélé.	Espagnols.
6	1792	B. de JEMMAPES.	Dumouriez.	Autrichiens
	1806	B. de Lubeck.	Bernadotte.	Prussiens.
7	1805	C. d'Amstetten.	Murat.	Austro-Rus
	1805	P. d'Inspruck.	Ney.	Prussiens.
8	1805	C. de Marienzett.	Heudelet.	Russes.
	1806	P. de Magdebourg.	Ney.	Prussiens.
9	1792	C. de Limbourg.	Houchard.	Prussiens.
	1794	P. de Nimègue.	Souham.	Hollandais.
10	1808	C. d'Espinosa.	Victor.	Espagnols.
	1808	C. de Burgos.	Soult.	Espagnols.
11	1796	C. de S.-Martin.	Augereau.	Autrichiens.
	1805	C. de Dirstein.	Mortier.	Russes.
12	1796	C. de Caldiero.	Masséna.	Autrichiens.
	1805	C. du Tagliamento.	Despague.	Autrichiens.
13	1792	C. d'Anderlecht.	Dumouriez.	Autrichiens.
	1805	C. de Neustarek.	Ney.	Autrichiens.
14	1793	C. de la Madelaine.	Sarret.	Piémontais.
	1805	P. de VIENNE.	Napoléon.	Autrichiens
15	1796	B. d'Arcole.	Bonaparte.	Autrichiens.
	1813	2e C. de Caldiero.	Eugène.	Autrichiens.
16	1800	C. de Hollabrum.	Bonaparte.	Russes.

SUITE DE NOVEMBRE.

DATE.		BATAILLE ou COMBAT.	GÉNÉRAL.	PUISSANCE ennemie.
16	1805	C. de Guntersdorff.	Murat.	Russes.
17	1792	P. de Malines.	Stengel.	Autrichiens.
	1793	C. de Bliescastel.	Hoche.	Prussiens.
18	1809	C. d'Occana.	Sébastiani.	Espagnols.
	1812	Attaque du fort de Burgos.	Dubreton.	Anglais.
19	1809	B. d'Occana.	Mortier.	Espagnols.
	1810	C. de Falset.	Habert.	Espagnols.
20	1794	B. de la Montagne Noire.	Pérignon.	Espagnols.
	1805	C. d'Olmutz.	Walther.	Autrichiens.
21	1806	P. de Hambourg.	Mortier.	Anglais.
	1796	C. de Rivoli.	Masséna.	Autrichiens.
22	1795	C. de Kehl.	Moreau.	Autrichiens.
	1812	C. de Niématitza.	Oudinot.	Russes.
23	1795	B. de Loano.	Masséna.	Aust.-Sardes
	1806	B. de Tudella.	Lannes.	Espagnols.
24	1805	C. de Piombino.	Reynier.	Autrichiens
	1812	C. de Borisov.	Oudinot.	Russes.
25	1812	B. de la BÉRÉSINA.	Napoléon.	Russes.
	1813	P. de Ferrare.	Decouchy.	Italiens.
26	1795	C. d'Intropa.	Serrurier.	Aust.-Sardes
	1806	C. de Lowiez.	Beaumont.	Portugais.
27	1792	B. de Liége.	Dumouriez.	Autrichiens
	1795	C. de Spinardo.	Serrurier.	Autrichiens.
28	1794	C. de Bergara.	Moncey.	Autrichiens.
	1809	B. d'Alba de Tormes.	Kellermann.	Espagnols.
29	1808	B. de Somo-Sierra.	Napoléon.	Espagnols.
	1810	C. de Miranda.	Valletaux.	Espagnols.
30	1807	P. de Lisbonne.	Junot.	Portugais.
	1805	C. de Ried.	Murat.	Autrichiens

DÉCEMBRE.

DATE.		BATAILLE ou COMBAT.	GÉNÉRAL.	PUISSANCE ennemie.
1	1806	P. de Glogaw.	J^r. Bonaparte.	Prussiens.
	1795	C. de Kreutnach.	Jourdan.	Autrichiens.
2	1792	C. de Sospello.	Dagobert.	Autrichiens.
	1805	B. d'AUSTERLITZ.	Napoléon.	Autrichiens.
3	1810	B. de HOHENLINDEN.	Moreau.	Autrichiens.
	1808	C. du Retiro.	Vilatte.	Espagnols.
4	1798	C. de Civita-Castellana.	Macdonald.	Napolitains.
	1808	P. de MADRID.	Napoléon.	Espagnols.
5	1800	C. d'Himmelsfort.	Dumonceau.	Alliés.
	1800	C. de Macaria.	Calvin.	Autrichiens.
6	1806	P. de Thorn.	Ney.	Prussiens
	1798	C. d'Otricoli.	Mathieu.	Napolitains.
7	1794	C. de Gatzelu.	Harriet.	Espagnols
	1800	C. de Fontana.	Sully.	Alliés.
8	1792	P. d'Aix-la-Chapelle.	Dumouriez.	Autrichiens
	1808	C. près S.-Domingue.	Ausenac.	Espagnols.
9	1793	C. d'Awensdorff.	Hoche.	Coalisés.
	1800	P. de Calvi.	Macdonald.	Napolitains.
10	1800	C. d'Atteingen.	Barbou.	Alliés.
	1813	C. de Bassussary.	Soult.	Angl.-Russ.
11	1798	C. de Cantalupo.	Macdonald.	Napolitains.
	1806	C. de Ponrikuwo.	Davoust.	Russes.
12	1800	C. d'Ingolstadt.	Levasseur.	Alliés.
	1800	C. de Lauffen.	Decaen.	Autrichiens.
13	1793	B. de la Bidassoa.	Muller.	Espagnols.
	1800	Passage de la Saal.	Le Courbe.	Autrichiens.
14	1799	C. de Hory.	Gouvion S.-C.	Italiens.
	1800	2e C. du Waal.	Lecourbe.	Autrichiens.
15	1793	C. de Marsal.	Bonneau.	Autrichiens.
	1800	B. de Nuremberg.	Augereau.	Autrichiens.
16	1800	C. d'Hersdorf.	Richepanse.	Autrichiens.

SUITE DE DÉCEMBRE.

DATE.		BATAILLE ou COMBAT.	GÉNÉRAL.	PUISSANCE ennemie.
16	1800	C. de Cardelou.	Gouvion S.-C.	Espagnols.
17	1798	P. d'Aquila.	Championnet.	Napolitains.
	1800	C. de Frankenmark.	Richepanse.	Autrichiens.
18	1792	C. de Tirlemont.	Jourdan.	Autrichiens.
	1795	C. de Schop.	Saint-Cyr.	Autrichiens.
19	1793	P. de Toulon.	Dugommier.	Angl.-Esp.
	1806	C. de Kikol.	Bessière.	Russes.
20	1800	C. de Kremsmuster.	Moreau.	Autrichiens.
	1813	C. de Castagnaro.	Eugène.	Autrichiens.
21	1793	C. de Haguenau.	Hoche.	Autro-Prus.
	1800	C. de Neukirchen.	Augereau.	Alliés.
22	1793	C. de Frescheweiller.	Hoche.	Autrichiens.
	1812	C. de Roncal.	Abbé.	Espagnols.
23	1798	P. de ROME.	Championnet.	Italiens.
	1806	C. de Czarnovo.	Napoléon.	Russes.
24	1809	C. de Cerveira.	Digeon.	Espagnols.
	1806	C. de Kursomb.	Augereau.	Russes.
25	1800	C. de Pozzolo.	Dupont.	Autrichiens
	1812	C. d'Almunia.	Serveroli.	Espagnols.
26	1793	B. de Geisberg.	Hoche.	Aust.-Pruss.
	1806	B. de Pulstuch.	Lannes.	Russes.
27	1794	P. de l'île de Bomel.	Pichegru.	Hollandais.
	1806	C. de Soldau.	Marchand.	Russes.
28	1793	C. du fort S.-André.	Daendels.	Hollandais.
	1794	P. de Grave.	Salm.	Hollandais.
29	1800	C. de Ramutz.	Baraguay d'Hil	Autrichiens.
	1810	C. près Tortose.	Habert.	Espagnols.
30	1800	C. de Graffenberg.	Ste-Suzanne.	Alliés.
	1808	C. de Maneilla.	Soult.	Espagnols.
31	1808	P. de Léon.	Soult.	Espagnols.
	1800	C. de Lauff.	Pacthod.	Autrichiens